高职学生心理健康

（活页式教材）

曹光前 ◎ 主　编

北京理工大学出版社
BEIJING INSTITUTE OF TECHNOLOGY PRESS

版权专有　侵权必究

图书在版编目（CIP）数据

高职学生心理健康／曹光前主编．－－北京：北京理工大学出版社，2023.8
　　ISBN 978－7－5763－2740－3

Ⅰ．①高…　Ⅱ．①曹…　Ⅲ．①大学生－心理健康－健康教育－高等职业教育－教材　Ⅳ．①G444

中国国家版本馆 CIP 数据核字（2023）第 152162 号

出版发行 ／ 北京理工大学出版社有限责任公司
社　　址 ／ 北京市海淀区中关村南大街 5 号
邮　　编 ／ 100081
电　　话 ／ （010）68914775（总编室）
　　　　　　（010）82562903（教材售后服务热线）
　　　　　　（010）68944723（其他图书服务热线）
网　　址 ／ http：//www.bitpress.com.cn
经　　销 ／ 全国各地新华书店
印　　刷 ／ 河北盛世彩捷印刷有限公司
开　　本 ／ 787 毫米 × 1092 毫米　1/16
印　　张 ／ 11.25　　　　　　　　　　　　　　　　责任编辑 ／ 王晓莉
字　　数 ／ 215 千字　　　　　　　　　　　　　　　文案编辑 ／ 王晓莉
版　　次 ／ 2023 年 8 月第 1 版　2023 年 8 月第 1 次印刷　责任校对 ／ 周瑞红
定　　价 ／ 42.00 元　　　　　　　　　　　　　　　责任印制 ／ 施胜娟

图书出现印装质量问题，请拨打售后服务热线，本社负责调换

前 言

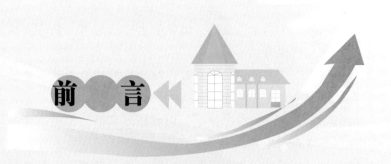

二十大报告中提出,"增进民生福祉,提高人民生活品质",其中,重点提到实现美好生活离不开推进健康中国建设。而要推进全面的健康中国建设,离不开心理健康和精神卫生工作。

本书基于高职院校一线专职心理教师 15 年的心理健康教育与咨询工作经验,有别于其他大学生心理健康教材,不是将心理学的专业理论进行简单罗列,而是提供一个体系完善、结构合理、内容丰富、注重学生的体验和感受、实用性强的高职学生心理发展实用手册。

一、基于学生心理发展需求,构建内容整体框架

新时代学校心理健康教育要从"应对心理问题与危机为主"转变为"通过健康教育提升学生积极心理品质为主",旨在促进积极心理的发展,预防心理问题的发生,而不是等有了问题去治疗。本书以"预防"和"发展"为导向,依据学生的认知规律,构建出包含基础心理篇、调适心理篇、提升心理篇 3 个模块 7 个任务的整体框架,分别回答了学生的 3 个主要问题,即"我的心理是否健康""出现心理困扰怎么办""如何获得持续幸福感",以预防心理困扰和发展积极品质为主,提高学生的心理素质。

在长期的高职学生心理健康工作中我们发现,出现心理困扰或长时间无法化解的主要原因并非只是缺少具体的行为调整方法,也包括不清楚产生困扰的原因,有时甚至不知道自己的状态是否可以被定义为困扰。因此本书提供了解决方案,设置了许多任务,每个任务设置的主要目的在于引导学生"觉察自己—接纳自己—调整自己",基于此目标,针对主题,按照"是什么—为什么—怎么做"的顺序展开。

二、尊重学生的主观能动性,引导其自主探索

每个学生都具有自我发展的内在动机,因此要充分考虑学生的主观能动性——"以学生为主体、教师为主导"。教材作为促进学生自我实现与发展的手段、工具,

应该适应学生的个性发展，引导学生进行思考，激发其认知与情感的相互作用，使其达到自我提升。

本书以任务为导向，突破传统教材的说教形式，使学生在自主探索过程中发现问题、解决问题，增加了趣味性和可读性。每个任务或子任务包含心理测试、案例导入、知识准备、自主探索、内容拓展和品质提升六个板块。心理测试旨在引导学生了解现有水平，做好学习的心理准备；案例导入旨在引发学生思考，提升学习的积极性；知识准备旨在发挥高职学生的自学能力；自主探索旨在引导学生发挥主动性，体现教学以学生为中心的理念；内容拓展旨在开阔学生的视野，为其提供下一步的学习方向；品质提升旨在将心理与中国传统文化结合，注重学生自身品质的提升，从而加速其成长。

本书是集体共同努力的结果，由曹光前担任主编，梁思思担任副主编，白雪锋、牛诗琳、郑琦参与了编写。具体分工如下：曹光前负责整体设计、统稿定稿，并编写模块一和模块二的任务三；梁思思编写模块二的任务四和任务五；白雪锋编写模块二的任务一；牛诗琳编写模块二的任务二；郑琦编写模块三。

由于水平有限，书中难免有疏漏之处，恳请广大读者批评指正！

目 录

模块一 基础心理篇

任务 评估心理状况 / 3

　　子任务一 判断心理状态 / 6
　　子任务二 走近心理教育 / 17

模块二 调适心理篇

任务一 适应周围环境 / 31

任务二 完善自我认知 / 48

任务三 释放内心情绪 / 66

　　子任务一 认识情绪健康 / 68
　　子任务二 调适负性情绪 / 76
　　子任务三 觉知自身情绪 / 86

任务四 化解沟通困扰 / 97

　　子任务一 识别沟通困扰 / 100

子任务二　识别负性评论 / 114

子任务三　实践沟通技术 / 125

任务五　提升爱的能力 / 136

模块三　提升心理篇

任务　开发心理资本 / 157

模块一

基础心理篇

任务　评估心理状况

❀ 心理测试

　　对以下40道题，如果感到"经常是"，打"√"；"偶尔"是，打"△"；"完全没有"，打"×"。所有题做完后，按照后面的测评方法将分数相加，得出的分数与参考答案对照。

测试题：

1. 平时不知为什么总觉得心慌意乱，坐立不安。　　　　　　　　　（　　）
2. 上床后，怎么也睡不着，即使睡着也容易惊醒。　　　　　　　　（　　）
3. 经常做噩梦，惊恐不安，早晨醒来就感到倦怠无力、焦虑烦躁。　（　　）
4. 经常早醒1~2小时，醒后很难再入睡。　　　　　　　　　　　　（　　）
5. 学习的压力常使自己感到非常烦躁，讨厌学习。　　　　　　　　（　　）
6. 读书看报甚至在课堂上也不能专心致志，自己也弄不清在想什么。（　　）
7. 遇到不称心的事情便较长时间地沉默少言。　　　　　　　　　　（　　）
8. 感到很多事情不称心，无端发火。　　　　　　　　　　　　　　（　　）
9. 哪怕是一件小事情，也总是很放不开，整日思索。　　　　　　　（　　）
10. 感到现实生活中没有什么事情能引起自己的乐趣，郁郁寡欢。　 （　　）
11. 老师讲概念时，常常听不懂，有时懂得快忘得也快。　　　　　 （　　）
12. 遇到问题常常举棋不定，迟疑再三。　　　　　　　　　　　　 （　　）
13. 经常与人争吵发火，过后又后悔不已。　　　　　　　　　　　 （　　）
14. 经常追悔自己做过的事，有负疚感。　　　　　　　　　　　　 （　　）
15. 一遇到考试，即使有准备也紧张焦虑。　　　　　　　　　　　 （　　）
16. 一遇挫折，便心灰意冷，丧失信心。　　　　　　　　　　　　 （　　）
17. 非常害怕失败，行动前总是提心吊胆、畏首畏尾。　　　　　　 （　　）
18. 感情脆弱，稍不顺心，就暗自流泪。　　　　　　　　　　　　 （　　）

19. 自己瞧不起自己，觉得别人总在嘲笑自己。 （   ）
20. 喜欢跟自己年龄小或能力不如自己的人一起玩或比赛。（   ）
21. 感到没有人理解自己，烦闷时别人很难使自己高兴。（   ）
22. 发现别人在窃窃私语，便怀疑是在背后议论自己。（   ）
23. 对别人取得的成绩和荣誉常常表示怀疑，甚至嫉妒。（   ）
24. 缺乏安全感，总觉得别人要加害自己。（   ）
25. 参加春游等集体活动时，总有孤独感。（   ）
26. 害怕见陌生人，人多时说话就脸红。（   ）
27. 在黑夜行走或独自在家有恐惧感。（   ）
28. 一旦离开父母，心里就不踏实。（   ）
29. 经常怀疑自己接触的东西不干净，反复洗手或换衣服，对清洁极端注意。
 （   ）
30. 担心是否锁门和可能着火，反复检查，经常躺在床上又起来确认，或刚一出门又返回检查。（   ）
31. 站在经常有人自杀的场所、悬崖边、大厦顶、阳台上，有摇摇晃晃要跳下去的感觉。（   ）
32. 对他人的疾病非常敏感，经常打听，生怕自己也身患同病。（   ）
33. 对特定的事物、交通工具（电车、公共汽车等）、尖状物及白色墙壁等稍微奇怪的东西有恐怖倾向。（   ）
34. 经常怀疑自己发育不良。（   ）
35. 一旦与异性交往就脸红心慌或想入非非。（   ）
36. 对某个异性伙伴的每一个细微行为都很注意。（   ）
37. 怀疑自己患了癌症等严重不治之症，反复看医书或去医院检查。（   ）
38. 经常无端头痛，并依赖止痛或镇静药。（   ）
39. 经常有离家出走或脱离集体的想法。（   ）
40. 感到内心痛苦无法解脱，只能自伤或自杀。（   ）

测评方法：

"√"得2分，"△"得1分，"×"得0分。

评价参考：

（1）0~8分。心理非常健康，请你放心。
（2）9~16分。大致还属于健康的范围，但应有所注意，也可以找老师或同学聊聊。
（3）17~30分。你在心理方面有了一些障碍，应采取适当的方法进行调适，或找心理辅导老师帮助你。

（4）31~40分。是黄牌警告，有可能患了某些心理疾病，应找专门的心理医生进行检查治疗。

（5）41分以上。有较严重的心理障碍，应及时找专门的心理医生治疗。

案例导入

高职一年级学生小吕，一天在浏览网页的时候偶然被弹出的对话框关于抑郁症的行为表现所吸引，对比之后觉得自己的状态比较符合，恐惧之下他牢牢记住了那几条表现，每天都要拿来对照自己的行为，发现自己一周以来一直处于情绪低落状态，经常感到委屈，有时委屈得流泪，认为现实是冷酷无情的，对很多事情都提不起兴趣，对未来生活悲观失望，遇到点小事就发脾气。

思考：

1. 你觉得小吕是否健康？为什么？
2. 如何判断一个人的心理是否健康？
3. 大学生有哪些心理困扰？面对这些困扰有哪些应对方法？

子任务一　判断心理状态

主要内容：

1. 健康的含义；
2. 高职学生心理健康的标准；
3. 科学看待心理健康标准。

教学目标：

素质目标：建立培养健康心理的意识。

知识目标：掌握心理健康的标准及解读方法。

能力目标：能够正确理解心理健康，运用心理健康的标准客观判断自己的心理状态。

建议课时：2课时

 知识准备

一、健康

(一)健康的含义

联合国世界卫生组织把健康定义为"健康不仅仅是指没有疾病,还包括躯体健康、心理健康、社会适应良好和道德健康"。

传统的健康观是"无病即健康",现代人的健康观是整体健康,尤其是心理健康,近年来日渐为人们所关注。在现实生活中,心理健康和生理健康是互相联系、互相作用的,心理健康每时每刻都在影响人的生理健康。如果一个人性格孤僻,心理长期处于一种抑郁状态,就会影响内激素分泌,使人的抵抗力降低,疾病就会乘虚而入。一个原本身体健康的人,如果总是怀疑自己得了什么疾病,就会整天郁郁寡欢,最后真的一病不起。

(二)健康的标准

世界卫生组织明确列出了健康的十条标准:

(1)精力充沛,能从容不迫地应付日常生活和工作的压力而不感到过分紧张和疲劳。

(2)处事乐观,态度积极,乐于承担责任,事无巨细不挑剔,工作有效率。

(3)善于休息,睡眠良好。

(4)应变能力强,能适应环境的各种变化。

(5)具有抗病能力,能够抵抗一般性感冒和传染病。

(6)体重得当,身材均匀,站立时头、肩、臂位置协调。

(7)眼睛明亮,反应敏锐,眼睑不发炎。

(8)牙齿清洁,无空洞,无龋齿,无痛感;齿龈颜色正常,不出血。

(9)头发有光泽,无头屑。

(10)肌肉、皮肤富有弹性,走路轻松有力。

二、心理健康

心理健康的基本含义是指心理的各个方面及活动过程处于一种良好或正常的状态。

(一)高职学生心理健康的标准

1. 智力正常

智力是指人的认识问题、解决问题的能力,包括人的观察力、注意力、记忆力、想象力、创造力、思维能力和实践活动能力等的综合,是人在经验中学习或理解的能力、获得和保持知识的能力,迅速而又成功地对新情景做出反应的能力,运用推理有效地解决问题的能力等。智力正常是高职学生学习、生活、工作最基本的心理条件,是高职学生胜任学习任务、适应周围环境变化需要的心理保证,因此,是衡量高职学生心理健康的首要标准。一般来说,高职学生的智力是正常的,甚至相对于同龄人,其智力总体水平较高,因而衡量高职学生智力高低,关键在于看其智力是否正常、充分地发挥了效能。

高职学生智力正常且充分发挥的标准是:有强烈的求知欲和浓厚的探索兴趣;智力结构中各要素在其认识活动和实践活动中都能积极协调地参与并能正常地发挥作用;乐于学习。此外,一些非智力因素如理想、兴趣、爱好等也是构成心理健康的重要标准。

2. 情绪自控

情绪健康的主要标志是情绪稳定和心理愉快。这是高职学生心理健康的一个重要指标。保持情绪稳定如图1-1所示。

因为情绪在心理状态中起着核心的作用,情绪异常往往是心理疾病的先兆。高职学生的情绪健康应包括以下内容:

(1)愉快情绪多于不愉快情绪,一般表现为:乐观开朗,充满热情,富有朝气,满怀信心,善于自得其乐,对生活充满希望;

(2)情绪稳定性好,善于控制和调节自己的情绪,既能克制约束,又能适度宣泄,不过分压抑,使情绪的表达既符合社会的需求,又符合自身的需要,在不同的时间和场合有恰如其分的情绪表达;

(3)情绪反应是由适当的原因引起的,反应的强度和引起这种情绪的情境相符合。

图1-1 保持情绪稳定

3. 意志健全

意志是人在完成一种有目标的活动时，所进行的选择、决定与执行的心理过程。意志健全者在行动的自觉性、果断性和自制力等方面都表现出较高的水平。意志健全的大学生在各种活动中都有自觉的目的性，能适时地做出决定并运用切实有效的方法解决所遇到的各种问题，在困难和挫折面前能采取合理的反应方式，能在行动中控制情绪和言行，而不是顽固执拗、言行冲动、行动盲目、轻率鲁莽，或害怕困难、意志薄弱、优柔寡断。

4. 人格完整

人格在心理学上是指个体比较稳定的心理特征的总和。人格完整就是有健全统一的人格，即个人的所想、所说、所做都是协调一致的。高职学生人格完整的主要标志是：

（1）人格结构的各要素完整统一。

（2）具有正确的自我意识，不产生自我同一性混乱。

（3）以积极进取的人生观作为人格的核心，并以此为中心把自己的需要、愿望、目标和行为统一起来。

5. 自评正确

正确的自我评价是高职学生心理健康的重要条件。高职学生是在与现实环境、与他人的相互关系中，在自己的实践活动中，认识自己的。一个心理健康的高职学生对自己的认识应比较接近现实，有"自知之明"，对自己的优点感到欣慰，但又不至于狂妄自大；对自己的弱点既不回避，也不自暴自弃，而是善于正确地"自我接受"。

6. 人际和谐

人总是处在一定的社会关系中，高职学生也同样离不开与人打交道。和谐的人际关系既是高职学生心理健康不可缺少的条件，又是高职学生获得心理健康的重要途径。高职学生人际关系的和谐表现为：

（1）乐于与人交往，既有稳定而广泛的人际关系，又有知心朋友。

（2）在交往中保持独立而完整的人格，有自知之明，不卑不亢。

（3）能客观评价别人和自己，善取人之长补己之短。

（4）宽以待人，乐于助人。

（5）积极的交往态度多于消极态度。

（6）交往动机端正。

保持和谐的人际关系如图 1-2 所示。

图1-2 保持和谐的人际关系

7. 适应良好

较强的适应能力是心理健康的重要特征，不能有效处理与周围现实环境的关系是产生心理障碍的重要原因。

心理健康的高职学生，应能和社会保持良好的接触，对社会现状有较清晰正确的认识，思想和行动都能跟得上时代的发展步伐，与社会的要求相符合。当发现自己的需要愿望与社会需要发生矛盾时，能迅速进行自我调节，以求和社会的协调一致，而不是逃避现实，更不是妄自尊大、一意孤行、与社会需要背道而驰。

8. 与龄相符

在人的生命发展的不同年龄阶段，都有相对应的不同的心理行为表现，从而形成不同年龄阶段的心理行为模式。高职学生应具有与年龄和角色相应的心理行为特征。心理健康的高职学生精力充沛、思维敏捷、情感活跃，与之相适应，行为上应该表现为朝气蓬勃、热情洋溢、生龙活虎、反应敏捷、勇于探索、勤学好问。如果出现萎靡不振、喜怒无常，或过于幼稚、过于依赖等现象，都是心理不健康的表现。总之，若经常严重地偏离这些心理行为特征，则有可能是心理异常的表现。

前五条关注与自我的关系，后三条更关注自己与环境、他人的关系。

(二) 科学看待心理健康的标准

高职学生正确认识和运用心理健康标准应注意以下几个问题：

1. 心理健康的状态具有相对性

心理不健康与不健康的心理和行为表现不能等同。心理不健康是指一种持续的不良状态。偶尔出现一些不健康的心理和行为并不等于心理不健康，更不等于已患有心理疾病。人的心理健康与人们所处的时代、环境、年龄、文化背景等各方面的因素有关，所以不能仅仅以一种行为或一个偶然的事件来判断他人或自己的心理是否健康。

2. 心理健康的状态具有连续性

心理健康与心理不健康不是泾渭分明的对立面，而是一种连续或交叉的状态。从良好的心理健康状态到严重的心理疾病之间有一个渐进的连续过程。在许多情况下，异常心理与正常心理、变态心理与常态心理之间没有绝对的界限，只有程度的差异。心理状态分布如图 1-3 所示。

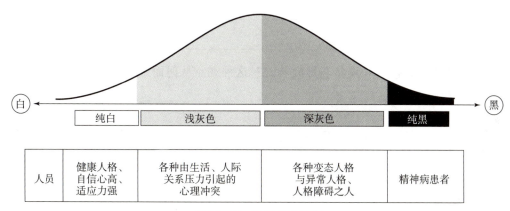

图 1-3　心理状态分布

3. 心理健康的状态具有可逆性

如果不注意心理保健，经常出现不良的心理状态，那么心理健康水平就会下降，甚至出现心理变态和患上心理疾病。反过来，如果心理有了困扰或出现失衡时，及时进行自我调整和寻求心理咨询的帮助，就会逐步解除烦恼、恢复愉快的心情。

4. 心理健康的状态具有动态性

心理健康的状态不是固定不变的，而是一个动态发展的过程。心理健康的水平随着个人的成长、经验的积累、环境的改变及自我保健意识的发展而不断发展变化。心理健康的标准是一种理想尺度，它不仅为人们提供了衡量心理是否健康的标准，而且为人们指明了提高心理健康水平的努力方向。每一个人在自己现有的基础上不断努力，都可以追求心理健康发展的更高层次，发挥自己的潜能。

一、头脑风暴

1. 你健康吗？依据是什么？
   _____
   _____
   _____

2. 关于心理学你了解多少？你认为心理学有什么用？
   _____
   _____
   _____

3. 你认为什么样的心理状态是健康的？这种观点从何而来？
   _____
   _____
   _____

二、心理探索

案例： 小 A 与小 B 是某高职院校大二的学生，同在一个宿舍生活。入学不久，两个人便成了形影不离的好朋友。小 A 活泼开朗，小 B 性格内向、沉默寡言，小 B 逐渐觉得自己就像一只丑小鸭，而小 A 却像一位美丽的公主。她心里很不是滋味，于是时常冷眼对小 A。大学二年级，小 A 参加了技能大赛，并得了省级一等奖，小 B 得知这一消息，先是痛不欲生，而后妒火中烧，趁小 A 不在宿舍的时候把其参赛作品撕成碎片，扔在小 A 的床上。小 A 发现后，不知道该怎样对待小 B，更想不通为什么她要这样对待自己。

运用所学知识分析：小 B 是否健康？为什么？
_____
_____
_____

三、心理训练

分组讨论心理健康标准在学习、生活、成长与职业四个方面的具体表现。

（一）学习与心理健康

1. _____
2. _____
3. _____
4. _____
5. _____

（二）生活与心理健康

1. _____
2. _____
3. _____
4. _____
5. _____

（三）成长与心理健康

1. _____
2. _____
3. _____
4. _____
5. _____

（四）职业与心理健康

1. _____
2. _____
3. _____
4. _____
5. _____

四、内容测试

下面的观点正确吗？结合内容说说，你认为正确的观点是什么？

1. 只有性格内向的人才容易患心理疾病。（正确/错误）

2. 心理疾病或障碍在别人看出来时才有必要求助。（正确/错误）

3. 坚强的、成功的人不容易患心理疾病。（正确/错误）

4. 心理不健康是一件令人丢脸的事情。（正确/错误）

5. 有的心理问题是对的，有的是错的。（正确/错误）

6. 如果出现了情绪低落，就是有了心理问题。（正确/错误）

7. 所谓"悦纳自我"，就是认为自己的一切都好。（正确/错误）

8. 心理疾病不会影响到身体健康。（正确/错误）

9. 身体不健康不会引发心理不健康。（正确/错误）

10. 有心理问题的人精神都不正常。（正确/错误）

五、内容回访

内容回顾	主要收获

内容拓展

1. 全国大学生心理健康节的由来

为引导大学生关注自身心理健康，2000年5月"全国大学生心理健康节"在北京师范大学拉开帷幕。健康节取"5·25"的谐音"我爱我"之意，就是要提倡大学生爱自己，珍爱自己的生命，把握自己的机会，为自己创造更好的成才之路，并由珍爱自己发展到关爱他人、关爱社会。2004年，教育部、团中央、全国学联办公室向全国大学生发出倡议，把每年的5月25日确定为全国大学生心理健康节（其标志如图1-4所示）。其目的是在广大学生中营造一种关注心理健康、懂得心理健康、重视心理健康的氛围，宣传大学生心理健康知识，提高大学生适应环境、管理自我、学习成才、人际交往、交友恋爱、求职择业等方面的能力。

图1-4　心理健康节标志

2. 世界精神卫生日

10月10日是世界精神卫生日（见图1-5），由世界精神卫生联盟提出。为了提高政府部门、社会各界、广大群众对精神卫生重要性和迫切性的认识，普及精神卫生知识和对精神发育障碍疾病的研究认识，计划10月10日前后在全国开展"世界精神卫生日"宣传活动。

图1-5　世界精神卫生日

2010年世界精神卫生日的主题是：沟通理解关爱，心理和谐健康。

2011年世界精神卫生日的主题是：承担共同责任，促进精神健康。

2012年世界精神卫生日的主题是：精神健康伴老龄，安乐幸福享晚年。

2013年世界精神卫生日的主题是：发展事业、规范服务、维护权益。

2014—2016 年世界精神卫生日的主题是：心理健康，社会和谐。

2017 年世界精神卫生日的主题是：共享健康资源，共建和谐家庭。

2018 年世界精神卫生日的主题是：健康心理，快乐人生。

2019 年世界精神卫生日的主题是：心理健康社会和谐·我行动——进校园，进家庭，进社区。

2020 年世界精神卫生日的主题是：弘扬抗疫精神，护佑心理健康。

2021 年世界精神卫生日的主题是：青春之心灵，青春之少年。

2022 年世界精神卫生日的主题是：营造良好环境，共助心理健康。

品质提升

"不登高山，不知天之高也；不临深溪，不知地之厚也。"

解释：不登上高山，就不知天多么高；不面临深涧，就不知道地多么厚。这句话出自战国时期荀子的《劝学》。

《劝学》是荀子创作的一篇论说文，是《荀子》一书的首篇。文章较系统地论述了学习的理论和方法，分别从学习的重要性、学习的态度以及学习的内容和方法等方面，全面而深刻地论说了有关学习的问题。

子任务二　走近心理教育

主要内容：

1. 学校心理健康教育的目标；
2. 心理正常与异常的三原则；
3. 高职学生常见的心理困扰。

教学目标：

素质目标：树立培养健康心理的意识。

知识目标：1. 掌握心理健康教育目标；
　　　　　2. 掌握心理正常与异常的三原则。

能力目标：能够运用心理正常与异常的原则判断自己的心理状态是否健康并采取相应的措施。

建议课时：2课时

知识准备

一、学校心理健康教育的目标

大学生心理健康教育的目标是：普及心理健康知识，增强大学生的自我心理调适能力，帮助大学生解决身心发展过程中的心理问题，提高大学生的心理健康水平和综合素质，促进大学生健康成长，全面发展。心理健康教育必须以优化大学生心理素质为起点，以促进大学生的全面主动发展和顺利社会化为归宿。概括起来可以归纳为以下三个目标：

（一）初级目标——防治心理疾病

大学生心理健康教育的初级目标是防治心理疾病，维护心理健康。这是它的特色，也是实现其他目标的基础。当代大学生正处在变革的社会背景之下，又正当人生发展的过渡时期，当他们面临的冲突过大、持续时间过长又得不到外界帮助时，就会引发一系列生理和心理的反应，严重的会导致各种心理疾病，甚至引起自杀或伤害他人。心理健康教育能及时发现心理问题，并采取相应干预措施，对不良心理现象和行为予以矫正和治疗。

（二）中级目标——完善心理调节

大学生心理健康教育的中级目标是指导学生深化对自己、他人和社会的了解，掌握自我调节的方法，优化心理素质，提高挫折承受力，增进社会适应能力，进而促进学生整体素质的全面发展。即通过性格品质的优化，提高德育的有效性；通过心理能力的强化，促进智育的高效化；通过健康心态的培养，促进健康的全面化；通过内在动力的激发，促进自我发展的主动化；通过行为习惯的优化，促进个体的顺利社会化。当代大学生在学习、交友、恋爱、择业等一系列生活事件中常会遇到挫折，由此而产生心理困扰。由于心理发展尚未成熟，自我调节能力尚不完善，所以挫折引发的情绪波动常常十分强烈，从而影响大学生的正常生活和健康成长。因此，大学生心理健康教育的中级目标显得尤为重要。

（三）最终目标——促进心理发展

大学生心理健康教育的最终目标是健全个体，适应社会，开发学生的各种潜能，促进其心理发展。同时，保持对客观社会的积极、主动适应，实现个性化与社会化的和谐与统一。当代大学生由于自身存在的某些弱点和局限，常常会影响他们的适应与发展，阻碍潜力的发挥。大学生心理健康教育的最终目标就是帮助大学生认清自己的潜力，保持良好的心态和健康的生活方式，全面而充分地发展自己、完善人格。

二、心理正常与异常的三原则

一般来说,人的心理健康状况可划分为心理正常与心理异常两大范畴,如何区分呢？依靠心理正常与异常"三原则"。

（一）主观世界与客观世界的统一性原则

因为心理是客观现实的反应,所以任何正常心理活动和行为,必须在形式和内容上与客观环境保持一致性。我们称它为"统一性标准"。

如果一个人坚信他看到了或听到了什么,而客观世界中当时并不存在引起他看到或听到的刺激物,我们就可以认定他的精神活动不正常了,他产生了幻觉。

如果一个人的思维内容脱离现实,或思维逻辑背离客观事物的规律性,并且坚信不疑,我们就可以认定他的精神活动不正常了,他产生了妄想,如被害妄想、被爱妄想。

如果一个人的心理冲突与实际环境不相符合,并且长期坚持无法自拔,我们就可以认定他的精神活动不正常了,他产生了神经症性问题,如强迫性洗手。

这些都是我们观察和评价人的精神与行为的关键,我们又称它为统一性标准。在精神科临床上,常伴有无"自知力",作为判断精神障碍的指标,所谓无"自知力"或"自知力不完整",是指患者对自身状态的错误反应,或者是"自我认知"与"自我现实"的统一性丧失。在精神科临床上还把有无"现实检验能力",作为鉴别心理正常与异常的指标。强迫性洗手如图1-6所示。

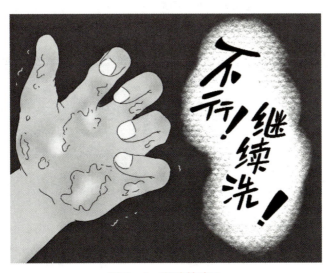

图1-6　强迫性洗手

(二) 心理活动的内在协调性原则

虽然人类的精神活动,可以被分为知、情、意等部分,但是其自身是一个完整的统一体,各种心理过程之间具有协调一致的关系。例如,如果一个人遇到一件令人愉快的事情,会产生愉快的情绪,欢快地向别人述说,我们就可以说他有正常的精神与行为。如果不是这样,用低沉的语调向别人述说令人愉快的事;或者对痛苦的事,做出快乐的反应,我们就可以说他的心理过程失去了协调一致性,称为异常状态。

(三) 人格的相对稳定性

在长期的生活中,每个人都会形成自己独特的人格心理特征。这种人格心理特征一旦形成,便有相对稳定性,一般是不容易改变的。如果在没有明显外部原因的情况下,一个人的人格相对稳定性出现问题,我们就怀疑这个人的心理活动出现了异常。我们可以把人格的相对稳定性作为区分心理活动正常与异常的标准之一,比如一个用钱很仔细的人,突然挥金如土,或者一个待人接物很热情的人,突然变得很冷漠,如果在他的生活环境中找不到足以促使他发生改变的原因,那么我们可以说他的精神活动已经偏离了正常轨道。

用三原则判断一个人精神是否正常,当不正常时,则不属于心理咨询的范围。心理正常与异常的诊断分类如图1-7所示。

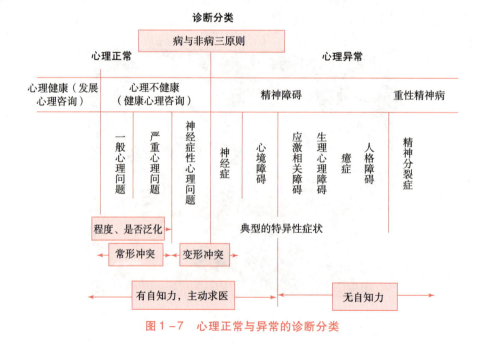

图1-7 心理正常与异常的诊断分类

三、高职学生常见的心理困扰

(一) 环境变化引起的适应不良问题

大学生由于学习、生活环境的改变,往往容易出现矛盾、困惑心理。其中一部分学生表现出对现实的失落感。由于中学时学生对大学充满了憧憬,也将考大学作为唯一和最终的目标来激励自己。但当跨入大学校园后,突然发现大学并不如想象中美好,进而怀念起过去的中学生活。而且一部分学生发觉自己在高手如云的新集体里不适应。进入大学后,由原来依赖父母到相对自立的生活,心理上也会产生一种孤独感。

(二) 人际关系的困扰

受应试教育的影响,多数学生较为封闭,人际交往能力普遍较弱。进入大学后,如何与周围的同学友好相处,建立和谐的人际关系,成为大学生面临的一个重要课题。由于每个人待人接物的态度不同、个性特征不同,再加上青春期心理固有的闭锁、羞怯、敏感和冲动,这都使大学生在人际交往过程中不可避免地遇到各种困难,从而产生困惑、焦虑等心理问题,主要表现为:人际关系冲突、交往恐惧、沟通不良。

(三) 异性交往引起的情感心理障碍问题

大学生性发育已经成熟,恋爱问题是不可避免的。由于大学生接受青春期教育不够且缺乏正确的引导,很多学生根本不懂什么是真正的爱情,还有些学生不能正确地处理异性之间的交往和双方的感情问题,出现爱困惑、性困惑,少数学生还出现异常行为,有的因理解的恋爱观与现实的具体问题发生矛盾和冲突,便陷入痛苦、迷茫、消沉之中,为情所困而不能自拔。

(四) 学习负担引起的紧张焦虑问题

大学生的主要任务是学习,学习上的困难与挫折对大学生的影响是最为显著的。由于大学学习与中学存在很大的不同,课业专业化、难度大、要求高,学习压力和竞争也相应增大,引起紧张焦虑情绪(图1-8)。

图1-8 紧张焦虑情绪

（五）求职择业方面引起的心理障碍问题

高校扩大招生圆了很多青年学子的大学梦，然而随之而来的却是就业难。就业的压力使很多大学生看不到现实的出路，找不到理想的方向，对前途深感迷茫。而如今社会竞争激烈，用人单位的要求也越来越高，加之很多大学生在校时一心只读书，与社会接触少，对社会缺乏真正的了解，这些情况导致大学生择业时出现一些心理障碍，主要表现为：自卑、恐惧、自傲、怀疑，等等。

（六）经济的负担

对于一些从偏远农村考入城市的大学生来说，经济上的负担远比其他负担更为沉重。一些大学生在学期间为了缓解生活压力，找家教、打短工、做生意维持学业。沉重的经济负担使很多学生心理压力大，产生自卑心理、焦虑心理、狭隘心理、文饰心理等。

四、心理咨询

（一）心理咨询的定义

心理咨询是心理咨询师运用心理学的理论、方法、技术帮助来访者就问题进行分析、研究和讨论，找出问题的根本原因，经过咨询师的指导和启发，探讨出解决的方法，从而解决心理困扰，恢复能力，维护身心健康。

（1）心理咨询解决的是心理问题，而不是处理生活中的具体问题。比如有的同学和室友吵架了，希望咨询师帮助他解决调换寝室的问题，这不是心理咨询所能解决的问题；心理咨询要解决的是当事人在处理人际关系时感到困扰，哪些心理因素起到了不良的作用，要进行哪些调整使其以积极的心态去面对各种实际问题等。

（2）心理咨询不是做思想政治工作。咨询师会持有客观、中立的态度，而不会对来访者进行思想政治教育甚至批评。

（3）心理咨询是"助人自助"的过程，它不同于一般的助人行为。古人云："授人以鱼，不如授人以渔""授人以鱼，一日享用；教人以渔，终身受用"。在心理咨询过程中，咨询师要运用心理学的理论和方法，倾听、陪伴、分析、引导、启发、支持、促进来访者改变和人格成长，最终协助来访者改变或做决定。真正的"救世主"是来访者本人。

（4）心理咨询不是医生开药。许多没有接触过心理咨询的学生，很容易套用医学模式来理解心理咨询，认为心理咨询好像是看医生一样，告诉医生自己的问题是什么，然后就等着医生开药方，自己不需要做什么，按照医生开的药方去抓药吃就好,因此问得最多的一句话就是"你快告诉我该怎么办",试图从咨询师那里迅速得到"专业"的建议。然而,心理咨询更多的是一种讨论和协商的过程,咨询师和来访者的关系是平等的,咨询师并不是直接给出该怎么做的建议,而是通过讨论和分析,启发来访者自己意识到问题的原因和症结,共同建立行动方案,并在咨询师的监督下去实施。

(5)心理咨询是建立在来访者主动求助的基础之上的。来访者能否主动求助,是心理咨询能否成功的关键因素。因为只有来访者有强烈的自我改变意愿,才会愿意提供详尽的情况,和咨询师共同探讨问题的症结所在,咨询才会有效果。无数实践证明,当来访者能够自觉主动地投入咨询过程,积极发挥自身的能动作用而不是被动等待时,咨询效果最好,心理康复的速度也较快(图1-9)。

图1-9 心理咨询

(二)大学生心理咨询的范围

发展咨询:着眼于学生的未来,主要帮助心理比较健康、无明显心理冲突、能基本适应环境的大学生更好地认识自我和开发潜能,提高学生的生活质量,以获得更完善的发展。

适应咨询:着眼于学生的现在,主要帮助心理比较健康,但在学习生活中存在各种心理矛盾和烦恼的大学生解除困扰,减轻压力,改善和提高适应能力。

障碍咨询:着眼于学生的过去,主要帮助极少数有心理障碍或心理疾病的大学生进行调节和治疗,克服障碍,缓解症状,逐渐恢复心理健康。

一、头脑风暴

1. 你觉得心理咨询有用吗？有什么用？

   _____
   _____
   _____

2. 什么样的人需要去做心理咨询？

   _____
   _____
   _____

3. 高职学生可能存在什么心理困扰？

   _____
   _____
   _____

二、心理探索

案例：某二年级男生，因厌学，每天待在自己房间睡觉、玩手机，不和家长见面说话，饭都让放在门口，要求家长离开后才端进房间吃。他的房间已两个多月没打扫，臭味扑鼻。家长求助于老师，老师约学生见面并说很想念他，而他却不见。老师曾亲自上门，他也不开门。家长因走投无路而求助于心理咨询师，要求心理咨询师上门给这位男生做咨询。

面对此个案，你的建议是：

1. 去不去咨询？如果去，将怎么办？

   _____
   _____
   _____

2. 如果不去，理由是什么？将给家长提供什么建议？

   _____

三、心理训练

面对心理困扰，你有什么可以推荐的改善方法？

1. 方法是_____，

作用是_____。

2. 方法是_____，

作用是_____。

3. 方法是_____，

作用是_____。

4. 方法是_____，

作用是_____。

5. 方法是_____，

作用是_____。

四、内容测试

下面的观点正确吗？结合内容说说，你认为正确的观点是什么？

1. 心理健康的人不需要寻求心理帮助。（正确/错误）

_____

2. 心理疾病越早治疗效果越好。（正确/错误）

_____

3. 道德越高尚心理越健康。（正确/错误）

_____

4. 出现了精神疾病应该首先去做心理咨询。（正确/错误）

_____

5. 学校心理咨询中心的主要任务是治疗心理疾病。（正确/错误）

_____

五、内容回访

内容回顾	主要收获

 内容拓展

多数人都会误解的心理学知识

误解一：心理学家知道人们在想什么

生活中你是否问过学心理学的朋友："你是学心理学的，你能说说我正在想什么吗？"

当周围人得知你是学心理专业的时候，他们会马上好奇地提出这个问题。人们总以为心理学和算命差不多，能透视眼前人的内心活动。

其实这是一种误解。心理活动具有广泛的含义，包括人的感觉、知觉、记忆、思维、情绪和意志，等等，并非只是人在某种情境下的所思所想。心理学家所做的就是要探索这些心理活动的规律——它们如何产生、发展？受哪些因素影响？相互间有什么联系，等等。

心理学家通常根据人的情绪表现和外在行为等来研究人的心理。也许他们可以根据你的外在特征和测验结果来推测你的内部心理特征，但除非具有超感知能力，否则再老道的心理学家也不可能会所谓的知心术，一眼就看穿你的内心世界。

误解二：心理学就是精神病学

此类认识大多来源于各种电影或电视剧对心理学的片面宣传，例如《沉默的羔羊》《异度空间》等影片。应该指出，心理学与精神病学是两个不同的范畴。虽然两者对精神不正常的情况都有所研究，但心理学更偏重的是精神障碍患者的认知、人格等心理特征方面的问题；精神病学则更加关心病理问题，如脑功能、药理等。

误解三：心理学是伪科学

许多人认为心理学是伪科学，都是骗人的。这着实让学心理学的人士伤心不已。

心理学是一门正在走向成熟的科学。1982年，国际心理科学联合会正式成为国际科学联合会的成员。这证明了心理学的学术地位。心理学的许多研究领域的研究方法，如生理心理学、实验心理学和物理心理学，向来就与自然科学的研究方法相似。发展到现在，心理学的各个领域，从实验控制、统计学分析，直到结论的提出，都已经采取了严格的科学设计，都制定了统一的科学标准。

误解四：学心理学的人都是不正常的

有这样想法的人不在少数。这也是因为大众传媒的误导所引发的。在不少影视文艺作品中，从事心理学相关工作（尤其以心理咨询、心理治疗为突出）的人，或多或少都存在问题。如电影《异度空间》中的心理医生，自己就患有严重的人格分裂症。但现实的情况是，心理学所囊括的内容远远超出了影视作品所涵盖的内容。

误解五：心理学家都会催眠

很多人对催眠术有浓厚的兴趣，因为觉得它很玄妙。提起催眠术，人们又往往

想起心理学家。原因之一，可能是弗洛伊德的误导。弗洛伊德是著名的心理学家，既然他使用催眠术，那么心理学家应该都会催眠术。另外，可能是缘于几部颇有知名度的心理电影的误导，影片中总会把心理学家和催眠术联系在一起，其实实际的生活中不是这样的。

催眠术并非所有心理学家必然会的招牌本领。它只是精神分析心理学家在心理治疗中使用的方法之一。实际上，大多数心理学家的工作是不涉及催眠术的。他们更倾向于运用实验和行为观察等更为严谨的科学研究方法。

误解六：心理学家是只研究变态的人

很多人对心理学家抱有这样的看法：去心理咨询的人都是"心理有问题"的人，而有问题的就是变态，心理学家只研究变态的人。这些看法就会使许多人在看心理医生的时候要鼓起很大的勇气和进行激烈的思想斗争。

其实，大多数的心理学研究都是针对正常人的，如儿童情绪的发展、记忆与思维的特征、性别差异、智力、老年人心理与跨文化的比较等都是心理学研究的内容。

误解七：心理学就是心理咨询

作为一个新兴的行业，心理咨询蓬勃发展，越来越火。各种各样的心理门诊、心理咨询中心、心理咨询热线等不断涌现，通过不同的渠道冲击着人们的视听。而心理咨询师资格考试制度的实施，使心理学的社会影响力得到了极大的提高。这些动向使很多人一听到心理学就想起心理咨询，以至于使它做了心理学的代名词。另外，对大多数人来说，倾向于从实际应用的角度去认识一门学科，而心理学最广泛的应用就是心理咨询与治疗，较之其他心理学知识更为大家所熟知，所以很多人将心理咨询等同于心理学，这是一种误解。

心理咨询只是心理学的一个应用分支。心理咨询的目的，是帮助人们认识和应对生活中的各种困扰，更幸福地生活下去。心理咨询的对象可以是一个人，也可能是一对夫妇、一个家庭或一个群体。通常，心理咨询是面向正常人的，来访者虽然有各种心理困扰，但并不存在严重的心理障碍。如果是严重的精神疾病，那就要交给临床心理学家或精神病学家来处理了。

  品质提升

"满眼生机转化钧，天工人巧日争新。"

这句诗出自清代赵翼的《论诗五首》。

解释：世上万物生生不息犹如不停的转轮，自然造化和人工的创造天天都在争相呈现新意。满眼，所见到的一切事物。生机，生命力，活力。钧，制陶器所用的转轮。天工，自然生成的。人巧，人为的创造。

这句话用以说明客观世界在不断变化，因此文学艺术或其他事业也要与时俱进，不断创新。

任务一　适应周围环境

心理测试

本测验用来帮助大学新生进行心理适应能力的自我判别。此测验由 20 个题目组成，每个题目有 A、B、C、三个可供选择的答案。请选择与自己情况相同的答案：

测试题：

1. 我最怕转学或转班级，每一个新环境，我总要经过很长一段时间才能适应。
   A. 是　　　　　　B. 无法肯定　　　　　　C. 不是
2. 每到一个新地方我很容易同别人接近。
   A. 是　　　　　　B. 无法肯定　　　　　　C. 不是
3. 与陌生人见面，我总是无话可说，以至于感到尴尬。
   A. 是　　　　　　B. 无法肯定　　　　　　C. 不是
4. 我最喜欢学习新知识或新学科，能给我一种新鲜感并能调动我的积极性。
   A. 是　　　　　　B. 无法肯定　　　　　　C. 不是
5. 每到一个新地方，我总是睡不好，就是在家里我只要换一张床，有时也会失眠。
   A. 是　　　　　　B. 无法肯定　　　　　　C. 不是
6. 不管生活条件有多大的变化，我也能很快习惯。
   A. 是　　　　　　B. 无法肯定　　　　　　C. 不是
7. 越是人多的地方我越感到紧张。
   A. 是　　　　　　B. 无法肯定　　　　　　C. 不是
8. 我考试的成绩多半不会比平时练习的时候差。
   A. 是　　　　　　B. 无法肯定　　　　　　C. 不是
9. 全班的同学都看着我，心都快跳出来了。
   A. 是　　　　　　B. 无法肯定　　　　　　C. 不是

10. 对他（她）有看法我仍能同他（她）交往。
   A. 是　　　　　　B. 无法肯定　　　　　　C. 不是

11. 我做事总有些不自在。
   A. 是　　　　　　B. 无法肯定　　　　　　C. 不是

12. 我很少固执己见，常常乐于接受别人的意见。
   A. 是　　　　　　B. 无法肯定　　　　　　C. 不是

13. 同别人讨论时我常常感到语塞，事后才想起该怎样反驳对方，可惜已经太迟了。
   A. 是　　　　　　B. 无法肯定　　　　　　C. 不是

14. 我对生活条件要求不高，即使条件很艰苦，我也能过得很愉快。
   A. 是　　　　　　B. 无法肯定　　　　　　C. 不是

15. 有时自己明明把课文背得滚瓜烂熟，可在课堂上背的时候，还是会出错。
   A. 是　　　　　　B. 无法肯定　　　　　　C. 不是

16. 在决定胜负成败的关键时刻，我虽然很紧张，但总能很快使自己镇定下来。
   A. 是　　　　　　B. 无法肯定　　　　　　C. 不是

17. 我不喜欢的东西，不管怎么学也学不会。
   A. 是　　　　　　B. 无法肯定　　　　　　C. 不是

18. 在嘈杂混乱的环境里，我仍能集中精力学习，并且效率较高。
   A. 是　　　　　　B. 无法肯定　　　　　　C. 不是

19. 我不喜欢陌生人来家里做客，每逢这种情况，我就有意回避。
   A. 是　　　　　　B. 无法肯定　　　　　　C. 不是

20. 我很喜欢参加社交活动，我感到这是交朋友的好机会。
   A. 是　　　　　　B. 无法肯定　　　　　　C. 不是

测评方法：

凡是奇数号的题，选"是"得-2分，选"无法肯定"得0分，选"不是"得2分。

凡是偶数号的题，选"是"得2分，选"无法肯定"得0分，选"不是"得-2分。

评价参考：

35～40分：心理适应能力很强，能很快地适应新的学习、生活环境，与人交往轻松大方。给人的印象极好，无论进入怎样的环境都能应对，左右逢源。

29～34分：心理适应能力良好。

17～28分：心理适应能力一般，当进入一个新的环境，经过一段时间的努力，基本上能适应。

6~16分：心理适应能力很差，依赖于好的学习生活，一旦遇到困难则易怨天尤人，甚至消沉。

5分以下：心理适应能力很差，在各种新环境中，即使经过一段时间的努力，也不一定能够适应，常常困惑，因与周围事物格格不入而十分苦恼。在与他人的交往中，总是显得拘谨、羞涩、手足无措。

如果你在这个测验中得分较高，说明你的心理适应能力较强。但是如果你的得分较低，也不必忧心忡忡，过于担心。事实上，一个人的适应能力是随着年龄的增长、知识经验的丰富而不但增强的。只要你充满信心，刻苦学习，虚心求教，加强锻炼，你的适应能力一定会增强的。

无所适从的大学新生

小新为大一新生，从小生活在农村，由于城乡文化差异以及对新环境不适应，产生了一系列困扰。近一个月来，小新紧张焦虑，食欲下降，经常失眠，注意力不集中，学习效率低，不管怎么努力都没有进步。他觉得很对不起父母，室友也不喜欢自己，现在压力很大，希望得到帮助。

思考：
1. 你觉得小新怎么了？出现问题的原因可能是什么？
2. 适应新环境有哪些重要性？你有什么好的方法帮助小新同学？

主要内容：

1. 心理适应的含义；
2. 高职新生常见的适应问题；
3. 适应问题产生的原因。

教学目标：

素质目标：树立积极适应的意识。

知识目标：理解新生常见的适应问题类别。

能力目标：能够积极适应周围环境，尽快融入大学生活。

建议课时：2课时

 知识准备

一、积极适应

积极适应是大学生积极主动地调整自己与环境的不适应行为,增强个体的主动性、积极性,尽最大可能去改变环境使之适合自己发展的需要,这是一种比较高级、主动的适应方式。例如,在成绩不理想或班委选举失败之后,马上调整心态,将精力投入专业知识的学习上,在探究高深学问、发现知识和创造知识的过程中体验大学生活的乐趣。该种形式的适应就是以促进个人的积极发展为目的的积极适应。

二、大学新生常见的适应问题

(一)理想与现实的落差——放弃自己

当代大学生从大学生活开始就必须面对由中学生到大学生的角色转换(图2-1),在这个转换过程中会出现各种适应或不适应的情况,其中便会凸显大学生活理想与现实差距的问题。在进入大学之前,由于自己对大学的期待和高中老师对大学生活的美好描述,很多学生都对大学生活存在着美好的想象,认为大学生活是美好的,是无拘无束的,可以做喜欢的事情、学自己感兴趣的知识。然而,当迈入大学校门后,却发现现实中的大学生活与自己想象的存在天壤之别。在大学里,必须按时上课,按时完成老师布置的作业,因为大部分学生远离家乡,所以要学会料理自己的生活,要学着独立,还要学会处理与舍友、同学的关系。由于面临的压力巨大,很多学生就会产生心理不适现象,从而产生心理健康方面的问题。

图2-1 开始大学生活

(二) 生活与环境不适应——放任自己

生活适应问题在大学新生中较为常见。大多数大学新生离开熟悉的家乡到异地求学，生活环境和生活方式发生了巨大改变。上大学之前，许多大学生没有住过集体宿舍，日常起居由父母安排，他们习惯了父母的照顾，缺乏必要的生活技能，因此一时无法适应衣、食、住、行等全靠自己安排的生活。此外，由于与室友作息时间、生活习惯、性格爱好等方面的不同，以及寝室条件与家中环境的巨大反差，一些大学新生不适应集体生活，从而产生烦躁、痛苦、紧张、不安、焦虑等不良情绪，一些大学生甚至会感到孤独无助。

新生入学前都对大学抱有美丽的期待，会理想化大学环境和生活，入学后理想化会被打破，需要面对现实。入学后需要面临的现实问题是学校的饭菜是否可口、校园周边生活是否便利、寝室的空间是否足够大、当地的文化与自己的文化背景是否匹配、语言交流是否有障碍等。

(三) 学业与目标不一致——逃避自己

由于大学在学习环境、课程设置、学习方式等方面与中学有很大差别，因此，大学新生常常会在学习上出现各种不适应的情况。一般而言，大学新生学习不适应的情况主要表现为：对所学专业不感兴趣，缺乏学习动力，甚至产生厌学心理；不能合理安排学习时间，缺乏独立的学习能力；找不到适合自己的学习方法，学习效率低下；感觉上课乏味无趣，在课堂上注意力难以集中等。另外，部分大学生热衷于考取各种技能证书，如计算机、外语等方面的等级证书，会计、教师等职业资格证书。这些令他们经常处于紧张的备考状态中，久而久之会精神疲劳，以致学习效率降低，学习成绩下滑，进而产生紧张、焦虑、恐惧等症状。

大学的学习特点与高中相比有很大的不同，更加强调学生的自主学习能力。大学的学习特点是课程时间安排宽裕，教师讲授内容广，讲解速度快，大学生要想较好地理解专业学习的内容，需要在课外主动探索、主动查阅资料补充学习等。大学新生在入学初期表现出的学习问题主要是缺乏主动性、自控能力弱、学习效率低等，常常对学习感到焦虑和无力。

"考大学"是每位新生在入学前的目标，但是到了大学后做什么，很多学生并不明确，大学是"象牙塔"的认知误区，又导致大学新生在入学前没有做好大学学习规划和生活准备，入学后出现了生涯目标的空白，这个阶段被称为"理想间歇期"。因为目标缺失，大学新生普遍出现迷茫、无所适从的感受。

(四) 人际交往障碍——封闭自己

进入大学后，大学生所处的人际环境发生了巨大变化，人际交往范围由原来相对狭窄变得宽广，人际关系也由原来相对单纯变得复杂。面对不熟悉的老师及学习经历、生活习惯、性格、爱好、价值观等都存在一定差异的新同学，一些大学新生感到困惑，不知道该如何处理与他们的关系。

另外，一些大学生尽管有着强烈的交往愿望，但仍会出现或因缺乏经验和技巧而不善交往，或因自卑、性格内向而不敢交往等情况。

以上这些情况均容易使大学生的人际关系变得不和谐，进而使其产生孤独感、压抑感及焦虑心理，严重的还会产生人际交往心理障碍（图2-2）。

新生入学后需要重新建立新的人际关系。大学生来自五湖四海，成长环境各不相同，个性特点也不相同，导致他们在交往过程中会出现各种各样的问题，例如易发生冲突，感觉被孤立等。刚入学的新生远离家人和朋友，在入学初期的人际适应阶段会感到孤单和压抑。

图2-2　人际交往障碍

（五）情绪与自我控制不一致——怀疑自己

大学生正处于情绪波动较大的时期，较容易出现抑郁和焦虑等情绪问题。面对全新的大学生活，很多大学新生会产生巨大的心理变化，对如何在新的环境中独自生活和学习，如何更好地发展自己，如何应对复杂的人际关系，如何为将来的发展打下坚实的基础等一系列现实而深刻的问题，显得焦急和迷茫。在新鲜和陌生的环境中，他们不愿意将自己的矛盾与不安表现出来，于是长期压抑自己的情绪，从而导致焦虑和抑郁等情绪问题的产生。

三、问题产生的原因

大学新生都有一个角色转换与适应的过程，每年刚入学的大学生往往会出现各种复杂的压力，他们的自尊心、欲望和情感极易受到伤害。因此，找到大学生心理适应的常见原因对帮助大学生树立正确的认知、增强自我适应能力是十分有益的。导致大学生心理不适的原因主要包括以下几个方面：

（一）角色转换

角色转换问题是一种心理问题，心理学上将这一时期称为"大学新生心理失衡期（心理断乳期）"。导致新生心理失衡的原因首先是现实中的大学与他们心目中理想大学的不统一，由此产生心理落差；其次是新生对新的环境、新的人际关系、新的教学模式不适应，产生困惑，从而造成心理失调。

（二）交际困难

"踏着铃声进出课堂，寝室里面不声不响，互联网上述说衷肠。"这句顺口溜实际上反映了相当一部分大学生的交际现状。现代大学生的交际困难主要表现为不会独立生活，不知道如何与人沟通，不懂交往的技巧与原则。有的学生有自闭倾向，不愿与人交往；有的学生为交际而交际，不惜牺牲原则随波逐流。

从心理健康的角度来讲，对大学生影响最大的人际关系往往是师生关系和同学关系，关系的双方在需要、意图等诸多方面可能不一致，容易导致人际关系紧张，每个人都有自己的个性、习惯和观点。每个人在人际交往中都会遇到一些不和谐的情况，彼此交往之中会产生各种矛盾冲突或纠葛，要适应，就要学会容忍差异的存在。

（三）学习与生活压力

大学生的学习压力相当一部分来自所学专业并非所爱，不想学习专业课，但是又担心挂科，这使他们处于冲突与痛苦之中；课程负担过重，学习模式有问题，精神长期过度紧张也会带来压力；另外，还有参加各类证书考试及考研所带来的应试压力等。精神长期处于高度紧张的状态下，极可能导致大学生出现强迫、焦虑等心理疾病。生活的压力主要在于学生不善于独立生活和为人处世，还有经济压力所造成的心理压力。

（四）对网络过于依赖

大学生们处于半成人阶段，他们对社会、对未来充满憧憬，但是面对现实生活，他们又常常感到无能为力，因此，失望、沮丧、挫败感时常困扰着他们。而网络的虚拟性和匿名性为大学生的自我重建提供了良好的平台。在这个电子空间里，现实生活中的种种限制都消失了，取而代之的是自由、平等的对话氛围，他们可以做现实生活中无法做到的事情，可以成为明星、名人、学者等梦想中渴望的社会角色。据调查，在大学生的各类朋友中，网上认识的占57.6%，老同学占28.3%，生活中结识的占14.1%。通过网络，大学生们找到了和自己在思想和行为方面相似的个体，得到了接纳和认可，满足了归属感。所以，有些大学生对网络的依赖性越来越强，有些甚至染上了网瘾，每天花大量时间泡在网上，沉溺于虚拟世界，自我封闭，与生活产生隔阂，不愿与人面对面交往。有人指出，后现代社会，人际关系变得疏远与淡薄，人们渴望被关注、被关心，获得一种归属感，网络拓宽了人们交往的通道，大家更喜欢和习惯通过游戏平台、短视频、微信、QQ、微博等方式与远方的同学、朋友、家人，甚至是素未谋面的陌生人对话交流。

（五）环境变化带来的心理应激

为了应付外部或内部环境的变化，重新恢复身心平衡，机体会做出多方面的反应，包括生理上的、行为上的、情绪上的和认知上的，这种反应模式叫作应激反应。有一些反应是适应性的，可以帮助个体重新恢复身心平衡，而有一些反应是非适应性的，不利于个体的身心健康。大学新生首次远离家乡，离开长期依赖的父母以及其他的亲人、朋友和熟悉的环境，他们不仅要面临陌生的校园、生疏的新群体，而且从今往后需要开始独立生活，自己做决定，对未来感到不确定等，这些内部和外部的变化会使个体出现应激反应，以此来使身心重新恢复平衡，适应性的反应包括感到适度的焦虑、紧张，价值观的冲突和重建，感到迷茫并重新确定生活和学习目标，努力寻求帮助等。非适应性的应激反应包括失眠、食欲不佳、注意力不集中，以及严重的焦虑不安、头疼、神经衰弱，感到自卑、无力、旷课、网络成瘾（图2-3）等。

图2-3 网络成瘾

（六）理想与现实的矛盾

有调查显示，64.9%的大学新生认为现在的大学生活与期待的大学生活不相符。大多数的大学新生会对大学校园充满憧憬和幻想，但是入学之后发现校园环境似乎没自己想象中的美好，宿舍条件似乎也比自己想象的简陋很多，饭菜也没有家里的可口等，这种理想与现实的落差需要一段时间来进行适应。还有一部分学生因为高考失利，未能进入自己理想的院校，对自己就读的学校没有太多的憧憬，与理想院校擦肩而过是他们刻骨铭心的痛，他们懊悔、自责、沮丧、迷茫、愧疚、失落，甚至会因此而长期徘徊在痛苦中不能自拔。受"成功教育"的影响，人们大都持有"考上好大学就是成功者，考不上就是失败者"的错误观念，面对理想大学与现实大学的差距，他们会否定自我价值，认为自己是一个失败者；因为对入学的学校不认同，部分学生会失去学习兴趣与学习动力，表现为学习成绩落后，更加否定自己，并形成恶性循环；与高中同学相比，与自己成绩一样或者比自己成绩差的同学都考上了比自己好的重点院校，因此而产生强烈的自卑感，自我封闭，不愿与高中同学联系，产生孤独、失落、郁郁寡欢等感受。

（七）满足归属与爱的需要

马斯洛需求层次理论（图2-4）将人的需求从低到高划分为五个层次，分别是生理需要、安全需要、归属与爱的需要、尊重需要与自我实现需要。归属与爱的需要也叫社交需要，对入学初期的大学新生来说，他们渴望建立互相信任、互相理解、互相关爱的人际关系，希望有所归属，成为团体中的一员；希望有亲密的朋友能倾听心里话、说说意见，甚至发发牢骚。若归属与爱的需要不能得到满足，大学新生会产生孤独、无助的感受。寝室是满足新生们"归属与爱的需要"的重要场所，因此寝室人际关系对大学新生的心理健康状态有较大的影响，由于大学寝室安排的随机性，寝室成员往往来自不同的地方，有不同的成长经历，每个人的生活习惯、文化习俗、说话方式等也有很大的差异，新生们需要时间去互相了解彼此，逐渐培养和建立信任感。

图2-4 马斯洛需求层次理论

（八）建立自我同一性的发展阶段

大学适应是个体发展阶段的需要，埃里克森认为人的一生有八个发展阶段（图2-5），每个发展阶段都会出现一个主要的冲突或危机，而个体需要在特定的阶段充分地解决这个主要危机，才可以更好地应对后面发展阶段的冲突。已有研究表明，大学新生的自我概念越混乱，越容易出现学校适应不良，从埃里克森的人格发展八阶段理论来看，大学新生刚刚结束青少年期，向成年早期过渡，面对的主要冲突是"自我同一性的建立与角色混乱"，即在不同的角色扮演中发现自己的正确身份，如果充分解决这个危机，则会形成自我认同感，明白自己是谁、接受并欣赏自己，并且能够顺利应对即将到来的大学生活；而如果不能充分解决这个危机，则会感到自己是充满混乱的、变化不定的，不清楚自己是谁，遇到困难时不能正确认识自己，而是否定不接纳自己。大学与高中相比，对学生的评价体制发生了变化，大学新生需要重新认识自我，完成自我同一性建立。

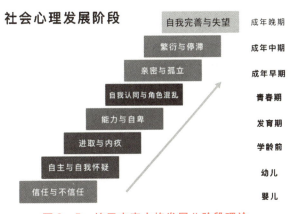

图2-5 埃里克森人格发展八阶段理论

四、如何积极适应，尽快融入大学生活

（一）熟悉环境

落实到细节方面，进入大学首先要做的一件事，就是熟悉学校的布局，知道教室、自习室、图书馆、食堂、寝室等重要建筑的位置。找到这些建筑的位置之后，可以逛逛校园，找找校园里的小路。

这些做法可以让你很快对自己未来几年要生活的地方有一个基本而全面的认知，也能让你在校园里穿行时心里有底气，不会因为迷路而耽误时间。

（二）做好学习规划

在熟悉环境之余，还有一个很重要的部分就是确定学习目标，列出学习规划单。大学的学习非常考验人的自主性，如果追求的不仅仅是一纸毕业证书，还有一个更有确定性的未来，那对各种论文比赛和学科竞赛都应该有所准备，积极挑战。

在大学刚开始的时候把这些事情考虑清楚并列入未来的计划，重新找到适合自己的学习节奏，也可以让大学生很快融入大学生活中。

(三) 有效管理时间能力

相比中学阶段，大学的时间更为充裕，且多数时间需要大学生自己安排。科学合理地管理时间，既可以提高大学生的学习效率和生活质量，又可以使繁杂的事情变得井井有条，促使大学生变得自信从容。此外，有效的时间管理还具有调节作用，能够帮助大学生降低由压力带来的焦虑和抑郁程度。因此，大学生要学会有效地管理时间。首先，大学生应制定整个大学阶段的总体规划。例如，规划专业学习、考取职业证书、参加各类培训、参与社会实践及考研复习等时间，以使各个阶段的学习和生活更有针对性；其次，可运用时间管理的四象限法，分清重要和紧急的事情；最后，要善于抓住零散时间，如清晨起床或走路时听英语、背单词，晚上睡觉前回忆一天的学习内容，等等。抓住零散时间会让大学生收到意想不到的效果。

自主探索

一、头脑风暴：大学有什么不一样？

大学与以往的对比如图2-6所示。

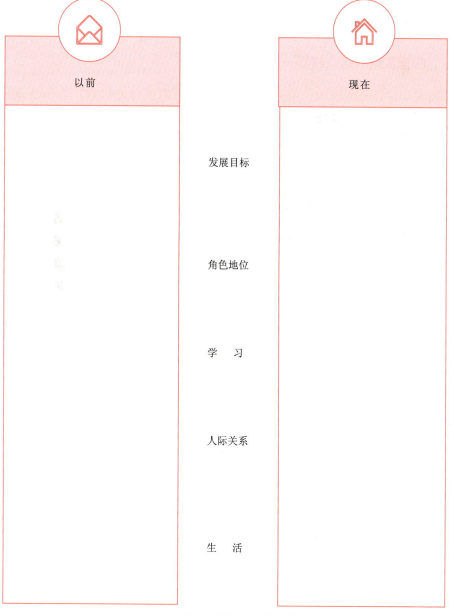

图2-6 大学与以往的对比

二、心理探索——大学初印象：进入大学后的"五个最"

进入大学后，我最满意的是_____。

进入大学后，我最高兴的是_____。

进入大学后，我最关心的是_____。

进入大学后，我最担心的是_____。

进入大学后，我比较不习惯的是_____。

三、心理实践：定向越野——探索新校园

你的大学校园可能很大，也可能很小。你的方向感可能很强，你很快就记住了校园的角角落落，你也可能是个"路盲"，初入校园总是走错地方。没关系，和你的小伙伴来一次"定向越野比赛"吧，通过比赛来探索新校园并描绘出你的专属路标。你们可以先选定校园内的 6～10 个标志性建筑，并在每个地点藏上任务卡，如猜一个灯谜、摆一个动作自拍，看谁能最快走完全程并高质量地完成每一项任务。完成任务后请跟大家分享一下你参加活动的感受。

_____

_____

_____

_____

_____

四、心理实践：时间管理

时间四象限如图 2-7 所示。

1. 目前紧急不重要的事有：_____

_____

_____。

2. 目前重要紧急的事有：_____

_____

_____。

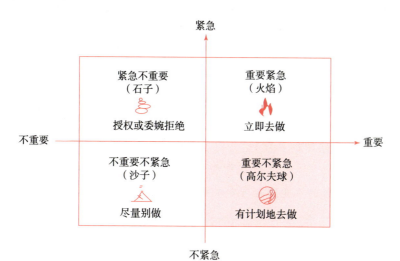

图 2-7 时间四象限

3. 目前不重要不紧急的事有：_____
_____
_____。

4. 目前重要不紧急的事有：_____
_____
_____。

五、内容回访

内容回顾	主要收获

内容拓展

最近发展区

利维·维果斯基是苏联卓越的心理学家,他主要研究儿童发展与教育心理,着重探讨思维和语言、学生学习与发展的关系问题。由于他在心理学领域做出的重要贡献而被誉为"心理学中的莫扎特"。

20世纪30年代初,维果斯基首先将"最近发展区"(Zone of Proximal Development,ZPD)这一概念引入儿童心理学的研究,提出"良好的教学应走在发展前面"的著名论断,并指出,教学的着眼点就是要看到儿童的明天,即"判明学生发展的动力状态"。

他认为学生的发展有两种水平:实际发展水平与潜在发展水平,如图2-8所示。实际发展水平就是皮亚杰提出的儿童发展阶段,不同的年龄阶段有不同的能力,由一定的已完成的发展系统所形成的学生心理机能的发展水平,如学生已经完全掌握了某些概念和规则;潜在发展水平则是在借助长者帮助或与同伴合作的情况下,所能达到的解决问题的能力。

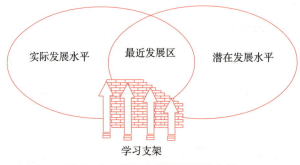

图2-8 最近发展区的两种水平

这两种发展水平表现为学生的现有水平和即将达到的发展水平。这两种水平之间的差距,就是"最近发展区"。每个个体的基本能力(实际发展水平)和发展区(潜在发展水平)都不同。最好的教育应该要考虑到个体的差异,如果教师或家长有针对性地让儿童尝试一些他能力以外的事物,同时又在他的发展区之内,则可以促进学生的有益成长。

 品质提升

"大学之道,在明明德,在亲民,在止于至善。"
这句话出自被列为"四书之首"的《大学》。

解释：大学的宗旨，在于彰显光明的品德；在于反省提高自己的道德并推己及人，使人人都能改过自新、弃恶从善；在于让整个社会都能达到完美的道德之境并长久地保持下去。

任务二　完善自我认知

🌸 心理测试

请根据自己的实际情况，回答"是""不知道"或"否"。如果感到"是"打"√"；"不知道"打"△"；"否"打"×"。所有题目做完后，按照后面的测评方法将分数相加，得出的分数与评价参考对照。

测试题：

1. 在大庭广众面前不好意思。
2. 对人一见如故。
3. 愿意一个人独处。
4. 好表现自己。
5. 与陌生人难打交道。
6. 开会时喜欢坐在被人注意的地方。
7. 遇到不愉快的事情，能抑制感情不露声色。
8. 在众人面前能爽快地回答问题。
9. 不喜欢社交活动。
10. 愿意经常和朋友在一起。
11. 自己的想法不轻易告诉别人。
12. 只要认为是好的东西立即就买。
13. 爱刨根问底。
14. 容易接受别人的意见。
15. 凡事很有主见。
16. 喜欢高谈阔论。
17. 会议休息时宁可一个人独坐也不愿同别人聊天。
18. 决定问题爽快。

19. 遇到难题非弄懂不可。
20. 常常未等别人把话讲完，就觉得自己已经懂了。
21. 不善和别人辩论。
22. 遇到挫折不容易丧气。
23. 时常因为自己的无能而沮丧。
24. 碰到高兴的事极易喜形于色。
25. 常常对自己面临的选择犹豫不决。
26. 不大注意别人的事。
27. 好将自己同别人进行比较。
28. 好憧憬未来。
29. 容易羡慕别人的成绩。
30. 相信自己不比别人差。
31. 注意别人对自己的看法。
32. 不大注意自己的外表。
33. 发现异常现象，容易想入非非。
34. 即使有亏心事也很快会遗忘。
35. 总是把家里收拾得干干净净。
36. 自己放的东西常常不知道放在哪里。
37. 做事很细心。
38. 对于别人的请求乐于帮助。
39. 十分注意自己的信用。
40. 热情来得快，去得也快。
41. 信奉"不干则已，干则必成"。
42. 做事情更注意速度而不是质量。
43. 一本书可以反复看几遍。
44. 不习惯长时间看书。
45. 办事大多有计划。
46. 兴趣广泛而多变。
47. 学习时不容易受外界的干扰。
48. 开会时喜欢同人交头接耳。
49. 作业大都整洁、干净。
50. 答应别人的事经常会忘记。
51. 一旦对人有看法就不容易改变。
52. 容易和别人交朋友。
53. 不喜欢体育运动。

54. 对电视节目中的球赛尤有兴趣。
55. 买东西前总要估量一番。
56. 不惧怕从来没有做过的事。
57. 遇到不愉快的事情，会生气很长时间。
58. 自己做错了事，容易承认和改正。
59. 常常担心自己会遭遇失败。
60. 容易原谅别人。

评价参考：

上述试题中，凡是单数题，回答"是"记0分，"不知道"记1分，"否"记2分；凡是双数题，回答"是"记2分，"不知道"记1分，"否"记0分。把得分相加得到总分，总分含义如下：

90分以上：典型外向。

81～90分：较外向。

71～80分：稍外向。

61～70分：混合型（略偏外向）。

51～60分：混合型（略偏内向）。

41～50分：稍内向。

31～40分：较内向。

30分以下：典型内向。

案例导入

小明是一个高中生，他在学习上非常努力，希望可以得到老师的认可。小明在班级中也很听话，老师布置的作业、安排的任务都会用心完成。但是，老师一旦提出一些希望他可以改善的地方，他就像听到晴天霹雳一样，打碎了原来建立起来的信心，进而非常害怕。

他观察周围的同学，对老师批评的反应都没有自己这么强烈，有些同学甚至是左耳进、右耳出。虽然有时候小明的理智会告诉自己，事情并没有自己想象的那么恐怖，但他还是控制不了自己崩溃的情绪。

他开始怀疑自己、放弃自己，甚至沉溺在网络游戏中放纵自己。这样虽然可以让他少一些胡思乱想，毕竟在游戏里可以体会一种麻木的快乐，但是游戏过后，他感觉更加内疚和糟糕，谴责自己不去学习反而在打游戏，这样不是更让老师和父母失望吗？这就像是一个恶性循环，压得他喘不过气来。

思考:

1. 小明为什么会出现这种情况?
2. 如何应对这种情况的出现?
3. 如何能对自己有一个更为清楚的认识?

主要内容：

1. 自我意识的含义；
2. 自我意识的形成与发展；
3. 大学生自我意识的发展。

教学目标：

素质目标：建立培养健康自我意识的概念。

知识目标：掌握自我意识的含义及特点。

能力目标：能够正确理解自我意识，建立完善自我意识的途径和方法。

建议课时：2 课时

知识准备

古希腊时期的戴尔波伊神托所的入口处，矗立着一块巨大的石碑，上面醒目地写着："认识你自己！"人对自己以及自己与周围世界关系的认识、体验和评价是心理健康的重要标志。如果一个人能够认识自己并接纳自己，对自己有合理的期望，善于改进、完善自己，他的一生就会快乐、充实和有意义。大学阶段正是一个人从青春期向成年期转变的重要时期，也是人的自我认识和自我探索更加主动自觉、自我发展和自我完善更加强烈的时期。

一、自我意识

（一）自我意识的概念

所谓自我意识（Self-Consciousness）就是指一个人对自己的认识，即个体对自己的身心状况与特征，自己与他人、与周围世界的关系的意识。它是人格结构的核心部分，是人的意识的本质特征，是一种多维度、多层次的心理系统。

（二）自我意识的内容

1. 生理自我

生理自我（Physical Self）是指个人对自己生理状况的意识，包括占有感、支配感、爱护感和认同感等。如果一个人对生理自我不能接纳，嫌自己个子矮、不漂亮、身材差，就会讨厌自己，表现出自卑和缺乏自信。

2. 心理自我

心理自我（Psychological Self）是指个人对自己心理方面的意识，包括自己的感知、记忆、思维、智力、性格、气质、动机、需要、态度、信念、理想、价值观和行为等。如果一个人对自己的心理自我评价低，嫌弃自己能力差、智商不高、情绪起伏太大、自制力差，就会否定自己。

3. 社会自我

社会自我（Social Self）是指个人对自己的社会属性的意识，包括在社会关系中各种角色、地位、权利、义务等的意识。如果一个人认为自己不善于交流和沟通、周围的人不喜欢自己、不接纳自己，没有知心朋友，就会感到很孤独、很寂寞。

（三）自我意识的结构

从知、情、意三个层面进行分析，可以把自我意识分为自我认知、自我体验和自我调控。这三者相互联系、有机组合,构成一个人个性中的核心内容——自我意识。

(1) 自我认知是自我意识的认知成分。它是自我意识的首要成分,是主观自我对客观自我的认识与评价。主要涉及"我是一个什么样的人""我为什么是这样的人"等,它包括自我感觉、自我观念、自我分析、自我观察、自我评价、自我批评等。

(2) 自我体验是自我意识的情感成分,是主观的我对客观的我所持有的一种态度,如自信、自卑、自尊、自满、内疚、羞耻等都是自我体验。主要涉及"我是否接纳自己""我是否满意自己"等。

(3) 自我调控是自我意识的意志部分。主要表现为个人对自己的行为、活动和态度的调控,包括自我检查、自我监督、自我控制等。主要涉及"我如何改变自己""我怎样控制自己"等。它是一个人自我教育、自我发展的重要机制。自我意识的发展如图2-9所示。

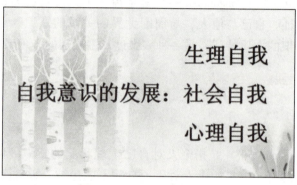

图2-9 自我意识的发展

二、自我意识的形成与发展

人的自我意识是随着人生每一阶段的成长而逐渐发展的。人的自我意识从产生、发展到相对稳定,大约经过20年的时间。它是在社会交往过程中,随着语言和思维的发展而发展的。它起始于婴幼儿时期,萌芽于童年少年期,形成于青春期,发展于青年期,完善于成年期。自我在人生经历中不断获得或失去,以保证个人适应环境,健康成长。心理学家埃里克森的心理社会性发展阶段如表2-1所示。

表2-1 埃里克森的心理社会性发展阶段

大致年龄	危机	充分解决	不充分解决
0~1岁半	信任对不信任	基本信任感	不安全感、焦虑
1岁半~3岁	自主对自我怀疑	知道自己有能力控制自己的身体、做某些事情	感到无法完全控制事情

续表

大致年龄	危机	充分解决	不充分解决
3~6岁	主动对内疚	相信自己是发起者、创造者	感到自己没有价值
6岁~青春期	勤奋对自卑	丰富的社会技能和认知技能	缺乏自信心、有失败感
青春期	同一性对角色混乱	自我认同感形成，明白自己是谁、接受并欣赏自己	感到自己是充满混乱的、变化不定的、不清楚自己是谁
成年早期	亲密对疏离	有能力与他人建立亲密的、需要承诺的关系	感到孤独、隔绝；否认需要亲密感
成年中期	再生力对停滞	更关注家庭、社会和后代	过分自我关注，缺乏未来的定向
成年晚期	自我实现与失望	完善感，对自己的一生感到满足	感到无用、沮丧

我国心理学家提出了自我意识发展的三阶段模式，即经历生理自我、社会自我和心理自我发展时期。

一是生理自我（8个月~3岁）。人出生时，并不能区分自己和非自己的东西，生活在主客体未分化的状态；七八个月的婴儿开始出现自我意识的萌芽，即能意识到自己的身体，听到自己的名字明确做出反应；2岁左右的幼儿，掌握第一人称代词"我"的使用，在自我意识的形成中是一大飞跃；3岁左右的幼儿，开始出现羞耻感、占有心，要求"我自己来"（要求自主性），其自我意识有新的发展。但是这一时期的幼儿，其行为是一种以自我为中心的行为，以自己的身体为中心，以自己的想法和情感来认识和投射外部世界。因此这一时期的自我意识被认为是生理自我时期，也有人称之为自我中心期，它是自我意识最原始的形态。

二是社会自我（3岁~青春期）。从3岁到青春期（3~14岁）这段时期，是个体接受社会教化影响最深的时期，也是角色学习的重要时期，儿童在幼儿园、小学、中学接受正规的教育，通过在游戏、学习、劳动等活动中不断练习、模仿和认同，逐渐习得社会规范，形成各种角色观念，如性别角色、家庭角色、同伴角色、学校中的角色等，并能有意识地调节控制自己的行动，道德心在发展。虽然青春期少年开始积极关注自己的内部世界，但他们主要从别人的观点去评价事物、认识他人，对自己的认识也服从于权威或同伴的评价。因此，这一时期个体自我意识的发展被称为"社会自我"发展阶段，也称为"客观化"时期。

三是心理自我（青春期以后）。从青春发动期到青年后期，是自我意识发展的关键期。其间，自我意识经过分化、矛盾、统一趋于成熟。此时个体开始清晰地意识到自己的内心世界，关注自己的内在体验，喜欢用自己的眼光和观点去认识和评价外部世界，开始有明确的价值探索和追求，强烈要求独立，产生了自我塑造、自我教育的紧迫感和实现自我目标的驱力。这一时期被称为心理自我发展时期。青年的世界观、人生观、价值观的形成是心理自我成熟的标志。

三、培养健康的自我意识

（一）正确地认识自我

德国著名作家约翰·保罗曾说："一个人的真正伟大之处，就在于他能够认识自我。"这句话表明，客观地、全面地认识自我是相当困难的。对自我的正确认识是培养大学生健康自我意识的前提，也是大学生自我调控的重要因素，是塑造、完善自我意识的基础和依据。

1. 乔韩窗口理论

美国心理学家约翰和哈里提出关于自我认知的窗口理论，称为"乔韩窗口理论"，如表2-2所示。

表2-2 乔韩窗口理论

项目	认识到	未认识到
他人认识到	A 公开的我	B 盲目的我
他人未认识到	C 秘密的我	D 未知的我

表中将每个人的自我分为四部分：

公开的我（A）、盲目的我（B）、秘密的我（C）、未知的我（D）。一个人的A部分越大，表示自我认识越客观准确，心理也就越和谐；B部分较大，表示对自我的认识存在偏差，可能夸大自己的优点和缺点，盲目自负或自卑；C部分较大，暗示怕别人看清自己，进而否定自己，总是按照别人对自己的预期评价来表现自己，心理负荷很大；D部分较大，说明此人是孤立防卫的人。随着人的成长及生活经历的丰富，自我的四个部分也在发生着变化。当一个人自我的公开领域扩大，则其生活变得更真实，无论与人交往还是独处，都会感到轻松愉快并充满活力；盲目领域变小，人对自我的认识才会更清晰，在生活中更容易扬长避短，发挥自己的潜力。一个人在成长过程中，通过自我开放促使公开领域扩大；通过他人的反馈使部分隐秘区、盲目区进入公开区；通过与他人分享秘密的自我，通过他人的反馈减少盲目的自我。如此这般，人对自己的了解就会更多且更客观。

2. 多角度认识自我

（1）比较法——从我与人的关系认识自我：他人是反映自我的镜子，与他人交往，是个人获得自我认识的重要来源。

与别人交往时,由别人对你的态度、情感反映而觉知自我。不同关系的人对自己的反应和评价不同,它是个人从多数人对自己的反应中归纳出的统觉。

(2)经验法——从我与事的关系认识自我:即我从做事的经验、选择与判断中认识自我。

(3)反省法——从我与己的关系认识自我:古人曰:"吾日三省吾身。"从我与自己的关系中认识自我,在反省的过程中,可以分析自己成败的原因,对自己做一分为二的分析,严于剖析自我,敢于批评自我,从而提高自我认知、调整自我评价、自我定位。

(二)愉快地接纳自我

1. 无条件接纳自我

我们要无条件地接受并宽容对待自己的一切,包括优点和缺点、成功和失败,我们要对自己不抛弃、不放弃。

2. 相信"瑕不掩瑜"

古人云:"金无足赤,人无完人。"接纳自己的不完美和失败,是自信的表现,也是自我完善的起点。努力发现自己的"闪光点"、肯定自己的价值,对自己充满自信心和自豪感,是接纳自我的推动力。

3. 运用积极的自我暗示

为了避免自尊心受到伤害,不妨采用一些策略性的自我美化的暗示,如向下比较(比上不足,比下有余),选择性遗忘(记住成功经历,忘记失败经历),自我照顾归因(将成功归于自己的努力和能力,将失败归结于自己的不努力和运气不佳)等(图2-10)。

图2-10 积极的自我暗示

（三）有效地控制自我

1. 确定努力方向

大学生在追求理想、塑造自我的过程中，应根据社会需要和自己的特点确定努力的方向，将远大理想分解成符合实际的、经过努力可以实现的子目标，将长远目标和阶段目标结合起来，循序渐进，逐步加以实现。排除大而无当、好高骛远的想法，对切实可行的目标、力所能及的事情要认真去完成。把塑造自我、超越自我的意识贯彻到每一个具体的行动中，集中精力，从点滴小事做起。

2. 要增强自信心

每个人在学习、工作和生活中不可能总是一帆风顺的。自信心是指个体相信自己能力的一种自我意识倾向，可以使人们最大限度地发挥聪明才智，激励自己不断奋进。

3. 增强自制力

自制力是指一个人自觉地调控和控制自己行为的品质，自我调控是自我意识在意志中的表现，是有明确目标的实际行动与环境相互作用的过程。自制力强的人能够理智地对待周围发生的事件，有意识地调控自己的思想和情绪，约束自己的行为，成为驾驭现实的主人。当面临某种事情感到自己信心不足时，不妨给自己壮胆："我一定会成功！"或者自问："人人都能行，我为什么不能？"

（四）不断地超越自我

超越自我是人生的崇高境界。只有超越自我，才能找到人生的真正价值，正如一位名人所说："每一次人生的关键时刻，每一次大大小小的抉择，其实都是一个能不能自我战胜、能不能自我超越的过程。"

1. 建立适当的抱负水平

大学生往往不能正视自我，不愿降低自己的抱负水平，而生活中的一些挫折常常是由不实际的成就欲望导致的。最为适当的抱负水平，应当是选择既有适度把握，又有适度冒险的目标。如果不考虑胜任的把握，一味地冒险，就会经常遇到挫折，既白白耗费精力，又给心理带来消极影响；如果一味地求稳，而不愿意承担一点风险，则可能错过许多发展机会，使自己总在原有水平上徘徊。另外，适当的抱负水平，还能避免大学生因盲目与他人攀比、竞争，而使自己终日生活在紧张状态中，心理承受过大的压力。

2. 小步子，大飞跃

古人云："不积跬步无以至千里，不积小流无以成江海。"我们可能无法一次就直接达到目标，但可以将目标分解为一天之内达到的一个个小目标，每达到一个目标，就自我肯定一次，就是向高尚前进了一步。人的潜力是惊人的，每一位大学生都要相信自己的无穷潜力，在任何时候都不要说"不会"，要永远说"OK"。

3. 注重陶冶性情，保持积极的情绪

健康和积极的情绪能使自己保持适当的紧张和敏感度。这样才能在遇到挫折后尽快恢复自信，勇往直前。

自主探索

一、头脑风暴

快速地说出你的三个优点和缺点！（不要想太多）

_____
_____
_____
_____

二、心理探索

认识自己的二十问法

第一步，问你自己10次或20次：你是谁？请你把头脑里浮现出来的答案一一写出来。例如，我是××（姓名），我是××学校的学生，等等。注意：由于这是自我分析材料，可以不给别人看。所以想到什么就回答什么，不要有什么顾虑。回答每次提问的时间为20秒，如果写不出来，可以略去，继续往下写。

_____
_____
_____
_____
_____

第二步，对自己的答案进行分析。分析的内容包括以下几个方面：

（一）答案的数量和质量

一共写出几个答案，答案中哪些方面的内容较多。如果能写出9～10个答案，则大体上可以认为没有特别的障碍。如果只能写出7个或更少的答案，则可以认为是过分压抑自己。回答时，会以感到无聊、感到害羞、时间不够等为借口，不能回答更多的问题。

（二）回答内容的表现方式

有三种情况：①符合客观情况的，如"我是大女儿""我是小学生"等。②主观解释的情况，如"我是老实人""我胆小"等。③中性的情况，即谁都不能做出判断的情况。如果主观评价和客观评价都有，可以认为取得平衡；如果倾向于主观或客观，则不能取得平衡。在主观评价中，最好是既说到自己好的方面（令人满意的特征），又说到自己的不足之处（不令人满意的特征）。如果只说到好的，会使人觉得是自满；只做不好的评价，又令人感到没有信心。

（三）回答的内容是否涉及自己的未来

哪怕只有一个答案涉及未来（如"我是未来的大学生"），也说明自己有理想和抱负，在现实生活中充满生机。如果没有一个答案涉及未来，则说明自己对未来考虑不多。

三、心理训练

完成下列句子的填写：

1. 假如我是一种颜色，我希望我是_____，因为_____。
2. 假如我是一种花，我希望我是_____，因为_____。
3. 假如我是一种交通工具，我希望我是_____，因为_____。
4. 假如我是一种乐器，我希望我是_____，因为_____。
5. 假如我是一种树，我希望我是_____，因为_____。
6. 假如我是一种水果，我希望我是_____，因为_____。
7. 假如我是一本书，我希望我是_____，因为_____。
8. 假如我是一件家具，我希望我是_____，因为_____。
9. 假如我是一种能量，我希望我是_____，因为_____。
10. 假如我是一种武器，我希望我是_____，因为_____。

四、内容测试

"我是谁"：请你在十分钟时间里，写下你所想到的个人特征，尽量从多个不同角度描述自己的特点。

1. 如描述生理特征方面的：

2. 如描述个性特征（性格、兴趣、理想、价值观）方面的：

3. 如描述才能方面的：

4. 如描述社会关系方面的：

五、内容回访

内容回顾	主要收获

内容拓展

精神分析学派的创始人弗洛伊德认为，人格对于个体来说是个谜，因为个体也无法知道自己内心深处的动机。人的各种心理、行为并非完全由自己的意志决定，而是受控制于无意识中的本能、欲望和冲动等，因此，真正驱动人格的是我们基本上察觉不到的力量。

1. 心理结构：本我、自我和超我

在无意识概念的基础上，弗洛伊德创建了他的人格结构理论。他认为人格是由本我、自我、超我三个系统组成的，这三个系统处于不断的对立冲突之中（图2-11）。

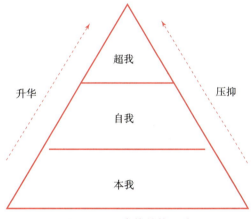

图2-11 人格结构理论

（1）本我。本我是最基本的人格系统，包含出生时就有的驱力。本我是原始的无意识本能，包含性、攻击等基本的驱力源。本我按照快乐原则行事，追求对冲动的即时满足，而不考虑愿望是否有现实可能性，是否能被社会道德许可。如果人由本我单独控制，在餐厅就餐时你将无法忍受等待而直接抢夺邻桌的食物。

（2）自我。自我是人格中现实的一面。它通过与外部世界的接触发展而来，是本我与外界关系的调解者，使我们能够应对生活中的实际需求。在超我形成之前，自我需要不断地调节本我的冲动与超我的要求之间的矛盾。自我按照现实原则行事，是使个体能够延迟满足即时需要和有效行事的调节机制。

（3）超我。本我的对立面是超我。超我代表一个人的良知和良心，是习得的社会道德态度。它是个体在成长过程中通过内化道德规范、内化社会及文化环境的价值观念而形成的，包含一套调节和控制我们行为、思维等的内部标准和规范。超我要求自我按照社会所许可的方式去满足本我，它遵循的是道德原则。它作为一种道德良知，在发现我们犯错误时惩罚我们（例如，让我们产生罪恶感），在生活理想实现时奖励我们（让我们产生自豪或沾沾自喜的感觉）。

弗洛伊德认为，本我、自我、超我中占主导地位的系统决定了一个人的基本人格结构。但是这三股力量不断地产生内部冲突，本我、自我和超我之间的动力在很大程度上由焦虑掌控。焦虑是一种在不必要的想法或情感出现时的不舒服的感觉，主要来自不被接受的冲动所产生的威胁，例如，想和父亲打一架的冲动会让人产生焦虑。为了应对焦虑，人发展出了各种各样的防御机制。

防御机制（见表2-3）是指个体面临挫折或紧张的情境时，在其内部心理活动中具有自觉或不自觉地解脱烦恼、减轻内心不安，以恢复心理平衡与稳定的一种适应性倾向。防御机制是一种无意识的应对机制，能够帮助我们克服焦虑、适应外部世界；但是如果使用不当，会妨碍人的成长，甚至构成心理病理。

表2-3 防御机制

防御机制	定义	举例
压抑	将痛苦体验和不可接受的冲动排除在意识之外，即"动机性遗忘"	不去想不好的体验："我不要再想它了！"
合理化	为不可接受的情感和行为寻找一个合理的解释来掩盖自己或他人的潜在动机或情感	微积分课程逃课，据说是因为教室空气不好
反向作用	无意识地将威胁性的内部愿望和梦想夸张表现为对立面	对喜欢的人态度粗鲁；对不喜欢的人异常友好
投射	将自己的威胁性感受、动机或冲突看作别人的	认为自己不诚实，就判断别人也不诚实
倒退	表现出幼稚行为，或倒退至感觉更安全的人生早期阶段以应对内部冲突和感受到的威胁	即使能正常表达，也要使用儿语应对困境
替代	将不可接受的愿望或内驱力表现为中性或威胁更小的方式	大力关门；对其他人（并非自己发火的对象）吼叫
认同	无意识地表现出比自己更强大或更好相处的人的特点来应对威胁和焦虑的感受	被欺负的小孩开始欺负人
升华	将攻击性内驱力转变为社会文化接受的活动	通过足球、橄榄球或其他身体接触项目发泄愤怒

品质提升

"败莫大于不自知。"

《吕氏春秋·自知》记载：荆成、齐庄自己不知为什么而被杀；吴王、智伯自己不知什么原因而亡国；宋、中山两国自己不知何故而被灭；晋惠公、赵括自己不明白何故而被虏；钻荼、庞涓、太子申缺少自知之明而身死。

　　本段列举一些史实说明"败莫大于不自知"这一道理。本条大意：失败并不可怕，可怕的是失败了而不知失败的原因，这样就不能从中吸取教训，作为前车之鉴。

任务三　释放内心情绪

❀ 心理测试

以下15道题，如果"是"打"√"；"否"打"×"。所有题做完后，按照后面的测评方法计分，得出的分数与评价参考对照。

测试题：

1. 尽管发生了不快，仍能毫不在乎地思考别的事情。　　　　　　　　（　　）
2. 不计小隙，经常保持坦率诚恳的态度。　　　　　　　　　　　　　（　　）
3. 习惯于把担心的事情写在纸上并进行整理。　　　　　　　　　　　（　　）
4. 在做事情时，往往具体规定有可能实现的目标。　　　　　　　　　（　　）
5. 失败时仔细思考，反省其原因，但不会愁眉不展，整天闷闷不乐。　（　　）
6. 具有悠闲自娱的爱好。　　　　　　　　　　　　　　　　　　　　（　　）
7. 常常倾听众人的意见。　　　　　　　　　　　　　　　　　　　　（　　）
8. 做事有计划地积极进行，遇挫折也不气馁。　　　　　　　　　　　（　　）
9. 无路可走时，能够改变生活方式和节奏，以适应生活。　　　　　　（　　）
10. 在学业上，尽管别人比自己强，但仍保持"我走我的路"的信条。　（　　）
11. 对自己的进步，哪怕只是一点点，都会有高兴的表示。　　　　　（　　）
12. 乐于一点一滴地积累有益的东西。　　　　　　　　　　　　　　（　　）
13. 很少感情用事。　　　　　　　　　　　　　　　　　　　　　　（　　）
14. 尽管很想做一件事，但自己估量不可能时也会打消念头。　　　　（　　）
15. 往往理智、周密地思考和判断，不拘泥于细枝末节。　　　　　　（　　）

测评方法：

每题选择"是"计1分，"否"不计分。然后将各题得分相加，统计总分。

评价参考：

0~6分：说明你的情绪不是很稳定，经常患得患失，又不能很好地生活。常常拘泥于一些小事情，无论做什么事都过分认真，总是忙忙碌碌，耗费心机。难以做出重大的决策，一丝不苟反而使自己的感觉迟钝。

7~9分：说明你的情绪稳定性一般。

10~15分：说明你的情绪很稳定，大多数时候善于处理事务、判断及思考等，不拘泥于细微小节，能积极大胆地处理一些事情，在各种困难面前毫不动摇。

案例导入

案例：小A，女，大一新生，刚开学几天，就打电话给辅导员，强烈要求换寝室，说自己和室友相处不来——她感觉室友们在生活习惯、消费观念、行为方式等都存在较大差异，自己完全无法融入她们的群体，和她们总是格格不入，于是一直处于冷战状态，非常痛苦。这导致自己经常睡不好觉，甚至有了退学的想法。同时，她也不主动和室友们沟通交流，总是独来独往，非常孤单。

思考：

1. 案例中小A遇到了什么事情？产生了什么样的情绪？
2. 有什么方法可以缓解她的负性情绪？

子任务一　认识情绪健康

主要内容：

1. 认识情绪：情绪特性、情绪健康标准、大学生常见情绪困扰；
2. 觉知情绪：看见情绪的发生发展；
3. 调适情绪：情绪调适方法及应用。

教学目标：

素质目标：强化情绪管理的意识。

知识目标：掌握情绪调适的方法。

能力目标：能够运用心理调适的方法调适自己的情绪。

建议课时：6课时

知识准备

一、大学生情绪健康的标准

（一）情出有因

任何情绪情感的产生与发展必须由一定的原因引起。例如，可喜的现象引起欢乐的情绪；不幸的事件引起悲哀的情绪；挫折引起沮丧的情绪；等等。无缘无故的喜、怒、哀、乐，莫名其妙的悲伤、恐惧，就不是情绪健康的表现。

（二）表现恰当

一定的刺激会引起一定的情绪反应，反应和刺激应该相互吻合，例如因成功而喜悦，因失败而痛苦，该高兴就高兴，该悲哀就悲哀。假如失去亲人还哈哈大笑，或者受到挫折反而高兴，受到尊敬反而愤怒，则是情绪不健康的表现。

（三）反应适度

情绪表现的持续时间和强烈程度都应适当，不能无休无止地没完没了，也不能过分强烈或过于冷漠。刺激强度越大，情绪反应就越强烈；反之，情绪反应也就越弱。如果微弱的刺激引起强烈的情绪反应，则是情绪不健康的表现。

（四）情绪稳定

情绪稳定表明一个人的中枢神经系统活动处于相对的平衡状态，也反映了中枢神经系统活动的协调。一般来说，情绪反应开始时比较强烈，随着时间的推移，逐渐减弱。如果反应时强时弱，变幻莫测，经常处于不稳定状态，则是情绪不健康的表现。

（五）心情愉快

以愉快的心境为主，积极情绪多于消极情绪。如果一个人经常情绪低落，愁眉苦脸，心情郁闷，则是心理不健康的表现。

（六）能自我控制

健康的情绪是受自我调节和控制的。情绪健康的人，应是情绪的主人，可把消极的情绪转化为积极的情绪，也可把激情转化为冷静。

二、大学生情绪活动的特点

（一）情绪活动趋向丰富，高级社会情感逐渐成熟

大学生的重要心理变化是自我意识的不断发展，各种社会的高层次需要不断出现且强度逐渐加强，这一发展在情绪上表现为情绪活动的对象、内容增多。大学生出现较多的自我体验，自我尊重需要强烈，自卑、自负情绪活动明显。大学阶段突出的感情活动之一是恋爱，恋爱活动及其伴随的深刻情绪体验是许多大学生在校期间印象最深的。有研究表明，大学生较早或频繁的恋情可能对其社交发展产生消极影响。一对大学生的恋情愈深，他们就愈少听取别人的意见，对私人事务也越少暴露，即使对亲人也是如此。在大学时期道德观、罪过感、集体感、爱国感、利他主义、理智感、美感等高级情感活动开始对其生活产生明显的影响，左右其情绪反应。如大学生部分确立了道德、正义观念，当出现与之不符的观念与行为时，他们通常会感到自己犯有过错，感到痛苦，出现严厉的自我谴责，情绪体验极端痛苦。

（二）情绪的冲动性、暴发性特点

大学生对事物的情绪体验比较强烈，富于激情，并"喜怒形于色"。由于大学生对新事物比较敏感，加上精力旺盛，虽然具有一定的理智和自我控制能力，但冲动暴发的情绪活动一旦失控，往往造成可怕的结果。如集体斗殴、离校出走、因感情挫折而自杀等都与大学生情绪的冲动性相关。情绪冲动的特点表明了大学生情绪活动的强烈程度。

（三）情绪的双极性、摇摆性

一方面，大学生的情绪容易从一个极端跳到另一个极端，情绪跌宕起伏，表现出动荡不安的状况，他们的积极性往往随情绪起伏而涨落。另一方面，强烈的情绪活动在大学生身上容易事过境迁，激情不能始终如一地保持下去，情绪活动随其认知标准的改变而改变。

（四）情绪活动心境化

大学生情绪活动一旦被刺激引发，即使刺激消失，情绪状态会有所缓和，但其持续影响时间较长，会转化为心境，对其后的活动产生持续的影响。大学生的许多不良情绪，如焦虑、抑郁、自卑等都具有这种心境化的特点。大学生情绪心境化还与大学生想象丰富的思维特点有关。大学生富于理想，遇事爱幻想，由刺激引发的情绪反应易受当事人想象的影响，想象对情绪反应的程度、持续时间都起着催化剂的作用。大学生常会陷入某种想象性的情绪状态，而难以被另外一种情绪取代。

（五）情绪的压抑性

大学是情感最丰富最强烈的时期，同时也是一个充满压力和冲突的时期，而这往往会导致大学生情绪的压抑性。导致大学生情绪压抑性的原因，一是大学生正好处在人格发展的"自我同一性"阶段上，大学生内心的矛盾冲突处于剧烈阶段。二是由于在实际生活环境中，大学生遇到了诸多问题，他们的需要没能得到满足。

三、大学生常见情绪困扰

（一）抑郁

一般来说，性格内向、孤僻、敏感多疑、依赖性强、交际范围窄、生活付出与回报不均衡的大学生易产生抑郁情绪。但一些意外因素也可能导致抑郁情绪的产生。大学生的个性和思想尚不成熟，因而遭受挫折（如专业不如意、对大学生活不适应、人际关系处理不当或失恋、意外事件发生等）后往往一时难以接受，看问题易片面化、极端化，凡事非黑即白、非好即坏，且只看其消极、黑暗面，因而极易陷入悲观沮丧、情绪低落的抑郁状态之中（图2-12）。

图2-12　情绪低落

（二）焦虑

焦虑是个体主观上预料将会有某种不良后果出现时产生的不安情绪，并伴有紧张、害怕、担忧、焦急、烦恼等情绪体验。适度的焦虑可以唤起人的警觉，使其集中注意力，激发斗志；但不适当的高度焦虑则会影响人们的学习和生活，对身心健康造成不利影响。被焦虑困扰的大学生常表现出烦躁不安、紧张着急、惶恐害怕、注意力难以集中、思维迟钝、记忆力减退、动作不敏捷，同时伴有头痛、心律不齐、失眠、食欲不振及胃肠不适等身体反应。焦虑常与抑郁同时存在。

大学生常见的焦虑，有以下六个方面：①适应焦虑，即因环境适应困难而引起的焦虑。②自我形象焦虑，即因对自己的外在形象不满而引起的焦虑；③就业焦虑，即因就业压力等社会因素而引起的焦虑；④人际交往焦虑，即因人际关系失调而引起的焦虑；⑤学习焦虑，即因考试等学习压力而引起的焦虑；⑥情感焦虑，多因过度担心爱情的失去而引起的焦虑。

（三）冷漠

冷漠是一种对外界刺激漠不关心、退让的消极情绪状态。大学生正值感情丰富、兴趣广泛、情感体验深刻而强烈的时期。而情绪冷漠的学生对外界刺激缺乏相应的情感反应，对学习应付了事、缺乏兴趣，对成绩好坏也无所谓，对集体和同学冷淡，对亲人、朋友和生活中的悲欢离合无动于衷，面部表情较少，内心孤独、压抑。冷漠者生活平淡无味，缺乏创造性，从总体上讲，他们难以建立正常的人际关系，难以适应社会生活。情感冷漠的形成一般与儿童时期缺乏父母的爱有关，也可能与后天的习得性无助有关。

（四）愤怒

愤怒是由于客观事物与人的主观愿望相违背，或因愿望无法实现时，人们内心产生的一种激烈的情绪反应。发怒易使人丧失理智，导致损物、殴人等许多不良行为发生。当人发怒时，会出现心跳加速、心律失常，严重时可导致心脏停搏甚至猝死；发怒还可导致失眠、高血压、胃溃疡、心脏病等。

易怒与个性和生活经历有较大的关系。易怒者的气质多属于胆汁质，一些人成长在充满争吵的环境中，往往容易感染上易怒的脾气。易怒还与一些人的错误认知有关，如有的人认为发怒可以威慑他人，可以挽回面子，可以推卸责任，可以满足愿望，等等。然而事实上，易怒者总是事与愿违，所得到的不是尊严、威信，而是他人的愤怒、厌恶和自己更加不安宁的心绪。

一、头脑风暴：你觉得什么是情商？

_____
_____
_____
_____
_____
_____

二、心理探索：填写情绪事件

哪些事件引起你生气、难过、焦虑、害怕、丢脸、无助的感觉呢？

1. 我最生气的一件事 _____
_____。

2. 我最难过的一件事 _____
_____。

3. 我最焦虑的一件事 _____
_____。

4. 我最害怕的一件事 _____
_____。

5. 我最无助的一件事 _____
_____。

三、内容回访

内容回顾	主要收获

 **内容拓展**

有一个年轻人失恋了,一直摆脱不了事实的打击,情绪低落,没办法专心工作。

他整个头脑中想的,都是前女友的薄情寡义。他认为自己在感情上付出了,却没有收到回报,自己很傻很不幸。

于是,他找到了心理医生。心理医生告诉他,其实他的处境并没有那么糟,只是他把自己想象得太糟糕了。

在给他做了放松训练,减少了他的紧张情绪之后,心理医生给他举了个例子:

"假如有一天,你到公园的长凳上休息,把你最心爱的一本书放在长凳上。这时候走来一个人,径直走过来,坐在椅子上,把你的书压坏了。这时,你会怎么想?"

"我一定很气愤,他怎么可以这样随便损坏别人的东西呢!太没有礼貌了!"年轻人说。

"那我就告诉你,他是个盲人,你又会怎么想呢?"心理医生接着耐心地继续问。

"哦,原来是个盲人。他肯定不知道长凳上放有东西!"年轻人摸摸头,想了一下,接着说,"谢天谢地,好在只是放了一本书,要是油漆或是什么尖锐的东西,他就惨了!"

"那你还会对他愤怒吗?"心理医生问。

"当然不会,他是不小心才压坏的嘛,盲人也很不容易的。我甚至有些同情他了。"

在这个案例的假想情境中,那位年轻人对"书被压坏"这个激发事件,最开始会愤怒,是因为他有类似如下的信念:

无论什么原因,如果造成我的损失,尤其是我的心爱之物,我就要愤怒,声讨造成我损失的人,以牙还牙。

相反,没有马上愤怒的人,大脑中可能有类似如下的信念:

无论对我造成多么大的损失,我都要先确定事实并准确归因,再公正处理,需要追责就追责,值得宽容就宽容。

 品质提升

> 木受绳则直,金就砺则利。君子博学而日参省乎己,则知明而行无过矣。
>
> 这句话出自《荀子·劝学》。
>
> 解释:砺,磨刀石、磨刀。参,检查。省,反省。知,同"智"。木材用墨绳弹量过就能取直,刀剑等金属制品放在磨刀石上磨就会锋利。君子广博地学习,每天检查反省自己,就能明智通达而行动无过失了。这句话强调了博学和反省对一个人不断进步的重要性。

子任务二　调适负性情绪

知识准备

一、情绪的产生

合理情绪疗法也称为"理性情绪疗法"，是帮助求助者解决因不合理信念产生的情绪困扰的一种心理治疗方法。

合理情绪疗法的基本理论主要是 ABC 理论，在 ABC 理论模式（见图 2-13）中，A 是指诱发性事件；B 是指对这一事件的看法、解释和评价；C 是指特定情景下，个体的情绪及行为反应。通常人们认为，人的情绪及行为反应是直接由诱发性事件 A 引起的，即 A 引起了 C。ABC 理论指出，诱发性事件 A 只是引起情绪及行为反应的间接原因，而对于人们对诱发性事件所持的信念、看法、理解，才是引起人的情绪及行为反应更直接的原因。人们的情绪及行为反应与人们对事情的想法、看法有关。合理的信念会引起人们对事物的适当的、适度的情绪反应；而不合理的信念则相反，会导致不适当的情绪及行为反应。当人们坚持某些不合理的信念，长期

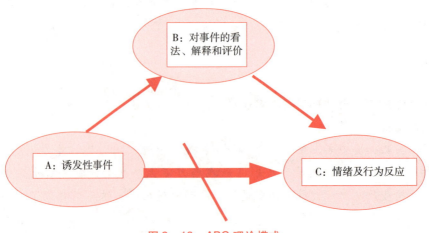

图 2-13　ABC 理论模式

处于不良的情绪状态中时，最终会导致情绪障碍的产生。

例如，两个同学一起走在路上，碰到他们的班主任，但对方没有与他们打招呼，径直过去了，这两个同学中的一个认为："他可能正在想别的事情，没有注意到我们。即使是看到我们而没理睬，也可能有什么特殊的原因。"而另一个却可能有不同的想法："是不是上次顶撞了老师一句，他就故意不理我了，下一步可能我就有麻烦了。"面对一件事情，我们会有各种各样的信念，不同的信念会导致不同的情绪产生。如果人们长期坚持某些不合理信念，长期处于不良的情绪状态之中，最终会导致情绪障碍产生。

（二）非理性信念的三个主要特征

1. 绝对化的要求

绝对化的要求是指个体以自己的意愿为出发点，认为某一事物一定会发生或不会发生的信念。这种特征通常是与"必须"和"应该"这类词联系在一起的，如"我必须获得成功""别人必须友好地对待我"，等等。

这种绝对化的要求是不可能实现的，因为客观事物的发展有其自身规律，不可能依个人意志而转移，人不可能在每件事上都获得成功，他周围的人和事物的表现和发展也不会依他的意愿来改变。因此，当某些事物的发生与其对事物的绝对化要求相悖时，他就会感到难以接受和适应，从而极易陷入情绪困扰中。

2. 过分概括的评价

过分概括化是一种以偏概全的不合理的思维方式，就好像是以书的封面来判定它的好坏一样。它是个体对自己或别人不合理的评价，其典型特征是通过某一件或某几件事来评价自身或他人的整体价值。例如，一些人面对失败的结果，常常认为自己"一无是处"或"毫无价值"。这种片面的自我否定往往会导致自责、自卑、自弃的心理以及焦虑和抑郁等情绪，而一旦将这种评价转向于他人，就会一味地责备别人，并产生愤怒和敌意的情绪。针对这类不合理信念，合理情绪疗法强调世上没有一个人能达到十全十美的境地，每个人都应接受人是有可能犯错误的，应以评价一个人的具体行为和表现来代替对整个人的评价，也就是说，"评价一个人的行为而不是去评价一个人"。

3. 糟糕至极的结果

糟糕至极是一种对事物的可能后果非常可怕、非常糟糕，甚至是一种灾难性的预期的非理性观念。对任何一件事情来说，都有比之更坏的情况发生，因此，没有一种事情可以被定义为百分之百的糟糕透顶。若人坚持这样的观念，那么，当他认为遇到了糟糕透顶的事情发生时，就会陷入极度的负性情绪体验中。针对这种信念，合理情绪疗法理论认为，虽然非常不好的事情确实可能发生，我们也有很多原因不希望它发生，但我们却没有理由说它不该发生。因此，面对这些不好的事情，我们应该努力接受现实，在可能的情况下去改变这种状态，而在不能改变时，学会如何在这种状态生活下去。

（三）不合理信念的分解及解析

不合理信念的分解及解析如表2-4所示。

表2-4 不合理信念的分解及解析

不合理信念	相应的解析
每个人绝对要获得周围环境尤其是生活中每一位重要人物的喜爱和赞许	这个观念实际上是个假象，是不可能实现的事。因为在人的一生中，不可能得到所有人的认同，即便是父母、老师等对自己很重要的人，也不可能永远对自己持一种绝对喜爱和赞许的态度，因此，如果他坚持这种信念，就可能千辛万苦，委曲求全以取悦他人，且获得每个人的欣赏，但结果必定会使他感到失望、沮丧和受挫
个人是否有价值，完全在于他是否是个全能的人，即能在人生中的每个环节和方面都有所成就	这也是一个永远无法达到的目标，因为世界上根本没有十全十美、永远成功的人。一个人可能在某方面较他人有优势，但在另外的方面却可能不如别人。虽然他以前有过许多成功的境遇，但无法保证在每件事上都能成功。因此，若某人坚持这种信念，他就会为自己永远无法实现的目标而徒自伤悲
世界上有些人很邪恶、很可憎，所以应该对他们做严厉的谴责和惩罚	世上既然没有完人，也就没有绝对区分对与错、好与坏的标准。每个人都可能会犯错误，但仅靠责备和惩罚则于事无补。人偶然犯错误是不可避免的。因此，不应因一时的错误去将他们视为"坏人"，以致对他们产生极端排斥和歧视
如果事情非己所愿，那将是一种可怕的事情	人不可能永远成功，生活和事业上的挫折是很自然的，如果一经挫折便感到事情可怕，就会导致情绪困扰，也可能使情绪更加恶化
不愉快的事总是由外在环境的因素所致，不是自己所能控制和支配的，因此人对自身的痛苦和困扰也无法控制和改变	外在因素会对个人有一定影响，但实际上并不像自己想的那样可怕和严重。如果能认识到情绪困扰中包含了自己对外在事件的知觉、评价及内部言语的作用等因素，那么，外在的力量便可能得以控制和改变
面对现实中的困难和自我所承担的责任是件不容易的事情，倒不如逃避它们	逃避问题虽然可以暂时缓和矛盾，但问题却始终存在而得不到解决，时间一长，问题便会恶化或连锁性地产生其他问题和困难，从而更加难以解决，最终会导致更严重的情绪困扰

续表

不合理信念	相应的解析
人们要对危险和可怕的事随时随地保持警惕，应该非常关心并不断注意其发生的可能性	对危险和可怕的事物有一定的心理准备是正确的，但过分的忧虑则是非理性的。因为坚持这种信念只会夸大危险发生的可能性，使人不能对之进行客观评价和有效地去面对。这种杞人忧天式的观念只会使生活变得沉重和没有生机，导致整日忧心忡忡、焦虑不已
人必须依赖别人，特别是某些与自己相比强而有力的人，只有这样，才能生活得好些	虽然人在生活中的某些方面要依赖别人，但过分夸大这种依赖的必要性，则可能使自我失去独立性，导致更大的依赖，从而失去学习能力，产生不安全感
一个人以往的经历和事件常常决定了他目前的行为，而且这种影响是永远难以改变的	已经发生的事实是个人的历史，这的确是无法改变的，但是，不能说这些事就会决定一个人的现在和将来。因为事实虽不可改变，但对事件的看法却是可以改变的，从而使人们仍可以控制、改变自己以后的生活
一个人应该关心他人的问题，并为他人的问题而悲伤、难过	关心他人，富于同情，这是有爱心的表现，但如果过分投入他人的事情，就可能忽视自己的问题，并因此使自己的情绪失去平衡，最终导致没有能力去帮助别人解决问题，却使自己的问题更糟
人生中的每个问题，都应有一个唯一正确的答案，如果找不到这个答案，人们会痛苦一生	人生是一个复杂的历程，对任何问题都要寻求完美的解决办法是不可能的，如果人们坚持要寻求某种完美的答案，那就会使自己感到失望和沮丧

（四）认知改变五步法

（1）事件：分析清楚发生了什么事情。

（2）情绪：觉知自己当下的具体情绪并命名。

（3）想法：情绪对应的想法有哪些？是否合理？

（4）辩驳：与不合理的想法进行辩论，是每个人遇到这种事件都会这么想吗？还有什么其他可能？

（5）调整：建立合理想法，负性情绪得以调节。

二、其他调控情绪的方法

（一）合理宣泄法

合理宣泄法：喜怒哀惧是人的正常情绪，当生气来临时，你先要学会接纳这种情绪，也可以将这种不好的情绪采用适当的方式进行宣泄，特别是当你感到生气、难过时,甚至觉得很憋屈的时候,你可以通过运动、大哭、大喊、写日记等方式,将心中的情绪发泄出来,这有利于自己的身心发展。注意:发泄的场合与方式要适当。

(二)腹式呼吸放松法

吸气时腹肌放松,膈肌收缩,位置下移,腹壁隆起;呼气时,腹肌收缩,膈肌松弛,恢复原位,腹部凹下,增加呼气吸气容积,如图 2-14 所示。要求静息呼吸,经鼻吸气,从口呼气,呼吸应该缓慢、均匀,吸气时可见到上腹部鼓起,呼气时可见到腹部凹陷,而胸廓保持最小活动幅度或不动。逐渐延长呼气时间,使吸气和呼气时间之比达到 1∶2。

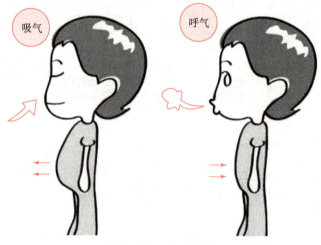

图 2-14 腹式呼吸

腹式呼吸锻炼初始时可每天做 2 次,每次 10~15 分钟。掌握动作要领以后,可逐渐增加次数和每次的时间。

(三)转移注意力法

注意力转移法,就是把注意力从引起不良情绪反应的刺激情境,转移到其他事物上去或从事其他活动的自我调节方法。当出现情绪不佳的情况时,要把注意力转移到使自己感兴趣的事上去,如外出散步,看看电影、电视,读读书,打打球,下盘棋,找朋友聊天,换换环境等,有助于使情绪平静下来,在活动中找到新的快乐。这种方法,一方面,中止了不良刺激源的作用,防止不良情绪的泛化、蔓延;另一方面,通过参与新的活动特别是自己感兴趣的活动而达到增进积极的情绪体验的目的。

一、任务探索

来访者:男,19岁,大学一年级。

主诉:焦虑、烦躁、入睡困难,经常做噩梦,持续有一个多月。

自诉:我干什么事情都不顺,参加了好几个活动,都以失败告终。就拿这次参加技能比赛来说,我那么努力,却没有获奖,没有我努力的同学都获奖了,就我没有。我现在没心情学习,我觉得参赛就必须获奖,要不就太失败了,没法见人了,以后也不会有什么出息,这辈子就这么浑浑噩噩了。唉!

提出问题:

(1)案例中的学生遇到了什么事情?产生了什么情绪?请运用情绪 ABC 理论进行分析。

(2)他存在不合理的想法吗?如果存在,是什么?

(3)你会如何与他的不合理想法进行辩论?

二、实践探索

你的练习表(见表 2-5):对照自己的情绪日记,发现那些使我们的感受和行为失当的不合理信念。

表 2-5 练习表

不恰当的感受	导致我们产生不恰当感受和行为的不合理信念	合理的信念	对应的感受

三、内容测试

1. 合理情绪疗法的核心点是（　　）。

　A. 改变诱发性事件　　　　　　B. 改变不合理的想法

　C. 改变个体的情绪　　　　　　D. 改变个体的行为

2. 刘某为发泄个人情绪，一怒之下，驾驶一辆两轮摩托车，持砖头砸坏了停放在小区多处停车场的 33 辆汽车的前挡风玻璃。随后，刘某被公安机关抓获。据统计，被损坏的汽车前挡风玻璃价值 13 万余元。对此认识正确的有（　　）。

①负面情绪对个人会产生不良影响，因而我们要通过各种途径进行发泄；②发泄情绪要在道德和法律允许的范围内进行；③要合理调节情绪，对自己行为的后果做出正确判断，为自己负责；④心理冲动若解决不好，会危害我们的身心健康，也会给他人带来不应有的伤害。

　A. ①③　　　　　　　　　　　B. ①②③

　C. ②③④　　　　　　　　　　D. ①②③④

3. （多选题）常见的不合理认知包括（　　）。

　A. 想法绝对化　　　　　　　　B. 想法变来变去

　C. 过分概括　　　　　　　　　D. 糟糕透顶

4. "他们肯定是这么想的。"此人的想法属于（　　）。

　A. 想法绝对化　　　　　　　　B. 想法变来变去

　C. 过分概括　　　　　　　　　D. 糟糕透顶

5. "如果找不到好工作这辈子就完了。"此人的想法属于（　　）。

　A. 想法绝对化　　　　　　　　B. 想法变来变去

　C. 过分概括　　　　　　　　　D. 糟糕透顶

四、内容回访

内容回顾	主要收获

内容拓展

元认知，就是自我认知，即对认知的认知。具体来说，就是每个人对自己的认知过程，比如思维和学习活动的知识和控制。元认知的实质是对认知活动的自我意识和自我调节。

情绪情感的元认知：

1. 认知的监测过程对情绪情感的影响

当某一刺激情景发生时，首先是认识到刺激的存在，在认知、理解的基础上，评估刺激的性质和对自己的利弊及程度。如果个体把知觉的对象评估为有益时，就会产生乐于接近倾向的体验和生理变化，如果个体把知觉的对象评估为有害时，则产生回避的体验和生理变化。如果能够意识到当下的情绪情感及背后的认知，那么对于情绪调控就成功了一半。

2. 元认知的控制过程对情绪情感的影响

元认知的控制，就是调节和控制自己在日常生活与学习中的情绪活动，以做出适当的情绪反应。例如，当个体演讲失败时，在一段时间内会情绪低落，心情沮丧。如果个体能从低落沮丧的心情中总结失败的原因，知道自己的不足之处就能在日后取得更大的成功。一名具有高水平元认知的人，一定具备较强的自我管理、自我监测、自我调控的能力，而且其情绪比元认知水平一般或较差学生的情绪要健康。

 品质提升

定风波·莫听穿林打叶声
苏 轼

三月七日，沙湖道中遇雨。雨具先去，同行皆狼狈，余独不觉，已而遂晴，故作此词。

莫听穿林打叶声，何妨吟啸且徐行。竹杖芒鞋轻胜马，谁怕？一蓑烟雨任平生。

料峭春风吹酒醒，微冷，山头斜照却相迎。回首向来萧瑟处，归去，也无风雨也无晴。

解释：芒鞋：草鞋。一蓑烟雨任平生：披着蓑衣在风雨里过一辈子也处之泰然。一蓑：蓑衣，用棕制成的雨披。料峭：微寒的样子。萧瑟：风雨吹打树叶声。

译文：三月七日，在沙湖道上赶上了下雨，大家没有雨具，同行的人都觉得很狼狈，只有我不这么觉得。过了一会儿天晴了，就做了这首词。

不必去理会那穿林打叶的雨声,不妨一边吟咏着、长啸着,一边悠然地行走。竹杖和草鞋轻捷得更胜过马,怕什么!一身蓑衣,足够在风雨中过上它一生。

　　略带寒意的春风将我的酒意吹醒,寒意初上,山头初晴的斜阳却殷殷相迎。回头望一眼走过来遇到风雨的地方,我信步归去,既无所谓风雨,又无所谓天晴。

　　写作背景:元丰五年三月五日,作者在沙湖游玩。三月七日,忽逢大雨,因为作者和同行的人都没有带雨具,同行之人皆觉狼狈。雨过天晴,作者联想到自己人生的坎坷,加上遇见的大雨,写下了这一首千古流传的《定风波》。从文中我们可以感受到作者的豁达与乐观。

子任务三 觉知自身情绪

知识准备

一、客观看待情绪

（一）情绪的功能

1. 适应功能

情绪是有机体生存、发展和适应环境的重要手段，有机体通过情绪所引起的生理反应能够发动其身体的能量，使有机体处于适宜的活动状态，便于适应环境的变化。同时，情绪还可以通过表情表达出来，以便获得他人的帮助。婴儿能够通过情绪反应与成人进行交流，以便得到较好的抚养，愉悦表示需求得到满足，不愉悦表示需求未得到满足。

2. 动机功能

情绪和情感构成一个基本的动机系统，可以驱动有机体从事活动，提高活动效率。举个例子，如果身体缺水，引起了有机体对水的生理需要，但是这种生理需求还不足以驱动人的行为，如果意识到缺水带来的危害，而产生了紧迫感和心理上的焦虑时，情绪就放大和增强了内驱力提供的信号。

3. 信号功能

情绪的信号功能表现在个体将自己的愿望、要求、观点、态度通过情感表达的方式传递给别人以影响他们，它是非言语沟通的重要组成部分，在人际沟通中具有信号意义。

4. 组织功能

情绪作为脑内的一个检测系统，对其他心理活动具有组织的作用。这种作用表现为积极情绪的协调作用和消极情绪的破坏、瓦解作用。

（二）良好情绪作用

愉快而平稳的情绪不仅使人的大脑处于最佳活动状态，保证体内各器官的活动协调一致，使食欲旺盛、睡眠安稳、精力充沛，充分发挥有机体的潜能，提高脑力和体力劳动的效率和持久力，还使整个机体的免疫系统和体内化学物质处于平衡状态从而增强对疾病的抵抗力。情绪和情感发展良好的大学生往往对生活充满热爱、自信、好奇心和求知欲浓厚，人际关系和谐，这都有利于大学生提高效率、激发潜能、全面发展（图2-15）。

图2-15 保持愉快而平稳的情绪

（三）不良情绪危害

过于强烈的情绪反应是指情绪反应超过了一定的限度，如狂喜、极怒、悲痛欲绝、激动不已等，此时不能正确评价自己行动的意义及后果就会使学习效率降低。持久性的消极情绪是指在引起悲、忧、恐、惊、怒等消极情绪的因素消失后，在一段时间内仍沉浸在消极情绪中不能自拔，若情绪作用的时间延续下去，生理方面的变化也将延长，久而久之，就会通过神经机制和化学机制引起心血管系统、消化系统、呼吸系统、内分泌系统等各种身体疾病。

二、觉察情绪感受（当出现情绪时）

（一）准备

（1）找到一处安静的地方，坐着或躺着都可以。
（2）做几次深呼吸，试着让全身放松下来。

（二）呼吸观察

（1）将注意力放在呼吸动作上，感受吸气和呼气的动作变化。吸气时清楚地知道正在吸气，呼气时也清楚地知道正在呼气。

（2）持续地做呼吸观察，直到注意力从大脑的思考中逐渐回到身体的呼吸感觉上。

（三）觉察情绪

（1）感受此刻整个身体的感觉或反应，去觉察哪些部位有感觉，是什么感觉。

①比如，感到胸腔喘不过气来等。

②吸气时将注意力带到身体紧绷或不适的部位，乃至全身。呼气时试着将该部位和全身的紧张、压抑都呼出体外。

（2）感受此刻大脑里的认知是什么。

（3）允许这些感觉和思绪存在。

①默默地告诉自己——我有这样的感觉或思绪是可以的，我也允许自己有这样的思绪和感觉。

②觉察情绪引起的感觉和思绪，只是清楚地知道有这样的感觉和思绪存在着。保持对思绪和感觉的觉察，不过多地深入分析思考，只是知道有它们的存在就好。

三、准确描述情绪

总是莫名其妙焦虑、烦躁，不是因为有许多事我们都没有仔细去想，而是任由这些模糊的情绪在心里堆积，悄悄放进来我们的潜意识。

下列词语可用来表达我们的需要得到满足时的感受：

兴奋，喜悦，欣喜，甜蜜，精力充沛，兴高采烈，感激，感动，乐观，自信，振作，振奋，开心，高兴，快乐，愉快，幸福，陶醉，满足，欣慰，心旷神怡，喜出望外，平静，自在，舒适，放松，踏实，安全，温暖，放心，无忧无虑……

下列词语可表达我们的需要没有得到满足时的感受：

害怕，担心，焦虑，忧虑，着急，紧张，心神不宁，心烦意乱，忧伤，沮丧，灰心，气馁，泄气，绝望，伤感，凄凉，悲伤，恼怒，愤怒，烦恼，苦恼，生气，厌烦，不满，不快，不耐烦，不高兴，震惊，失望，困惑，茫然，寂寞，孤独，郁闷，难过，悲观，沉重，麻木，筋疲力尽，萎靡不振，疲惫不堪，昏昏欲睡，无精打采，尴尬，惭愧，妒忌，遗憾，不舒服……

四、合理表达情绪

(1) 说事实；

(2) 说心情；

(3) 说认知。

五、抑郁和焦虑情绪的调控

(一) 抑郁情绪的自我调节

1. 关照自己的身体

认认真真关爱自己的身体，及时捕捉身体的信号。无论是哪种负面情绪，关照自己的身体健康都是十分重要的。首先，尝试去医院，排除躯体疾病引发抑郁的可能性。其次，调节自己的生活方式，建立健康规律的作息。最后，尝试找到属于自己独特的放松方式，学会自我放松。

2. 建立良好的社会支持网络

我们每个人都生活在社会中，虽然我们常常被外界事物所影响，但是，外界事物也常常给我们支持。更多地与他人进行联结，有意识地建立自己的社交网络，也许当你身处低谷时，身边的人就是引导你走出抑郁的力量。

3. 寻找自己的核心信念

很多时候，在生活中影响我们的不是发生的事件，而是我们对事件的认知。我们通常会有"我不能失败""我必须什么都做得很好，很完美""我要永远超过别人"等信念，这些不合理的信念使我们常常陷入情绪的低谷中。

4. 调节自己的行为

行动是抑郁的天敌。通常情况下，抑郁的时候会对日常活动感到力不从心，只想待在家里或躺在床上，有深深的无力感。在抑郁中，往往有更多时间沉浸于思考自己的困境，却没有行动，从而形成恶性循环。越是不想动就越自责自己什么都没有做，最后，越相信自己什么都做不了，抑郁越来越严重，带着抑郁的症状生活是克服抑郁的一条必经之路。因此，抑郁的人要做的第一件事就是行动。

（二）焦虑情绪的自我调节

1. 改变价值观念

首先，要充分认识焦虑的表现，焦虑是心理压力最直接的表现之一，是每个人都试图去避免的情绪。人们总是不喜欢面对焦虑情绪，而趋向于逃避现实，然而，这对于解决焦虑是毫无意义的。越早认识自己的焦虑状态，就越容易解决问题。其次，积极寻找焦虑来源。对于我们大多数人来说，我们似乎无法知道真正痛苦的是什么，经常感受到焦虑，却无法找到焦虑的来源，常常陷入一种莫名的、弥漫的焦虑情绪中，这就要求我们不断地觉察自己，不断地觉察自己的情绪变化，甚至可以通过写日记的方式记录自己的情绪体验过程。这样不但可以预防焦虑的产生，也可以阻止焦虑的扩散。再次，避免消极认知。避免消极认知就是克服不合理信念。最后，要学会调整个体期待。拥有焦虑情绪的人往往拥有较高的成就动机和社会期望。过高的期望则会导致情绪上的紊乱和行为上的异常。因此，学生要调整对自己、对社会的过高期望，甚至是放下对外界事物的期待，要允许自己的期待不被实现，既不盲目乐观，又不要低估自己，从而确定合理的目标。

2. 缓解焦虑情绪

焦虑本身是一种消极的情绪体验。焦虑的大学生，情绪悲观失望，对任何事物都没有兴趣，甚至参加什么活动都不能给他们带来快乐。由于受固定思维模式的限制，容易陷入不良的心理状态中。因此，主动培养积极向上的健康情绪，可以抑制和消除负面的情绪体验。经常使用"我可以尝试""体验比结果更重要""我一定能找到解决的办法"等句式，尝试用各种积极信念来激励自己、暗示自己，学会调节、控制自己的消极情绪。另外，我们每个人都应该学会主动培养增加自己积极情绪体验的方法，记录在生活中让自己愉悦的事件，有负面情绪时尝试使用这些方法。例如，把自己每天要做的事情列出来，并且预估自己的满意程度，等事情做完之后，写下自己真正体验到的满足程度，你会发现所做的事情比想的更加令人愉悦和满足。通过这种方式，体会焦虑情绪的缓解以及获得成功的喜悦与满足。

3. 采取积极行动

首先，在生活中，主动培养良好的人际关系，减少独处的时间，多和他人交流是拥有健康心态的标志。个体在烦躁不安时，多和身边的朋友聊天，不仅可以倾吐内心的烦恼，宣泄不良情绪，还可以得到他人的开导，在交流中增加亲密感与支持感。其次，在焦虑情绪中，可以选择当下就可以开始行动的一件小事，通过积极行动来缓解内心的焦虑情绪。最后,可以使用一些调节技巧,在播放器里常准备一些调节情绪的冥想音乐等,帮助自己走出负面情绪,也可以尝试使用放松训练来进行放松。放松训练如图2-16所示。

图2-16　放松训练

一、任务准备：记录一周情绪日记

记录一周情绪日记如表 2-6 所示。

表 2-6　记录一周情绪日记

日期	天气	清晨		睡前		重要事件	
		情绪	原因	情绪	原因	事件纪要	情绪
例	晴	痛苦	必须从温暖的被窝里爬起来	愉悦	看了一本好书	老师说要交一篇论文	压力很大

讨论互动："当你出现情绪低落时，你会如何去调节呢？"

二、头脑风暴

1. 情绪有哪些积极作用？

　　_____

　　_____

　　_____

2. 情绪是如何产生的？

　　_____

　　_____

　　_____

3. 每种情绪的含义是什么？

（1）焦虑：事情很重要，但是我的能力、资源暂时不足；

（2）悲伤：_____

（3）纠结：_____

（4）委屈：_____

（5）内疚：_____

（6）愤怒：_____

（7）失望：_____

（8）痛苦：_____

（9）恐惧：_____

（10）感恩：_____

三、实践探索

你的练习表（表2-7）：对照自己的情绪日记，发现那些使我们的感受和行为失当的不合理信念，寻找可以证明的证据和不能证明的证据。

表2-7 练习表

情境	情绪及百分等级	自动化思维	支持自动化思维的证据	不支持自动化思维的证据

四、内容测试

1. 对自己情绪负责的办法是（　　　）。

A. 不要把责任推给脾气

B. 把责任推给脾气

C. 不要把责任推给自己

D. 把责任推给自己

2. 下列语句中，说话人对自己的情绪负责的是（　　　）。

A. 你说话的语气真让我恼火

B. 我喜欢和你合作，因为我很信任你

C. 你说得太快了，我觉得很累

D. 你做了这么多吃的，我好高兴

五、内容回访

内容回顾	主要收获

模块二 调适心理篇

 内容拓展

压力下的大脑如图2-17所示。

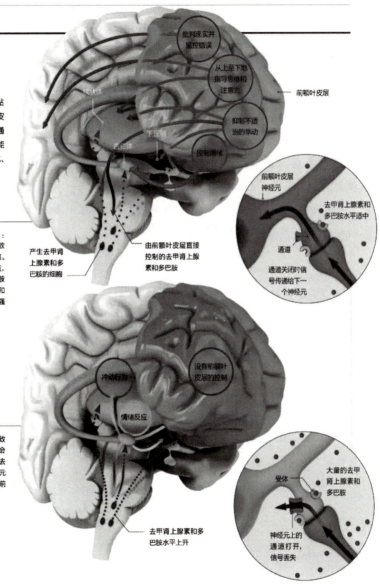

图2-17 压力下的大脑

品质提升

苏轼（1037年1月8日—1101年8月24日），字子瞻，号东坡居士，世称苏东坡、苏仙、坡仙，汉族，眉州眉山（今四川省眉山市）人。北宋文学家、书法家、美食家、画家，历史治水名人苏洵的儿子。

苏轼一生宦海浮沉，奔走四方，生活阅历极为丰富。他善于从人生遭遇中总结经验，也善于从客观事物中发现规律。在他眼中，极平常的生活内容和自然景物都蕴含着深刻的道理，如《题西林壁》和《和子由渑池怀旧》两诗。在这些诗中，自然现象已上升为哲理，人生的感受也已转化为理性的反思。尤为难能可贵的是，诗中的哲理是通过生动、鲜明的艺术意象自然而然地表达出来，而不是经过逻辑推导或议论分析所得。这样的诗歌既优美动人，又饶有趣味，是名副其实的理趣诗。"不识庐山真面目"和"雪泥鸿爪"一问世即流行为成语，说明苏轼的理趣诗受到普遍喜爱。苏诗中类似的作品还有很多，如《泗州僧伽塔》《饮湖上初晴后雨》《慈湖夹阻风》等。

任务四　化解沟通困扰

心理测试

本测试共 28 个问题，每个问题回答"是"（打"√"）或"否"（打"×"）。然后参看后面的评分说明，对测验结果做出解释。

测试题：

1. 关于自己的烦恼有苦难言。（　　）
2. 和陌生人见面时感觉不自然。（　　）
3. 过分羡慕和妒忌别人。（　　）
4. 与异性交往太少。（　　）
5. 对连续不断的会谈感到困难。（　　）
6. 在社交场合感到紧张。（　　）
7. 时常伤害别人。（　　）
8. 与异性来往感觉不自然。（　　）
9. 与一大群朋友在一起，常感到孤寂或失落。（　　）
10. 极易受窘。（　　）
11. 与别人不能和睦相处。（　　）
12. 不知道与异性相处如何适可而止。（　　）
13. 当不熟悉的人对自己倾诉他的生平遭遇以求同情时，自己常感到不自在。（　　）
14. 担心别人对自己有什么坏印象。（　　）
15. 总是尽力使别人欣赏自己。（　　）
16. 暗自思慕异性。（　　）
17. 时常避免表达自己的感受。（　　）
18. 对自己的仪表（容貌）缺乏信心。（　　）

19. 讨厌某人或被某人所讨厌。   (   )
20. 瞧不起异性。   (   )
21. 不能专注地倾听。   (   )
22. 自己的烦恼无人可倾诉。   (   )
23. 受别人排斥与冷漠对待。   (   )
24. 被异性瞧不起。   (   )
25. 不能广泛地听取各种意见、看法。   (   )
26. 自己常因受伤害而暗自伤心。   (   )
27. 常被别人谈论、愚弄。   (   )
28. 与异性交往不知如何更好地相处。   (   )

评分说明：

打"√"得1分，打"×"得0分。

（1）如果总分在0~8分，说明受测者善于交谈，性格开朗，主动，关心别人，对周围朋友很好，愿意与他们在一起，彼此相处得不错。

（2）如果总分在9~14分，说明受测者与朋友相处有一定的困扰，人缘一般，与朋友的关系时好时坏，经常处于起伏变动之中。

（3）如果总分在15~28分，说明受测者在与朋友相处时存在严重困扰。分数超过20分，则表明人际关系行为困扰程度很严重，而且在心理上出现较为明显的障碍。受测者可能不善于交谈，也可能是个性格孤僻的人，不开朗，或者有明显的自高自大、讨人嫌的行为。

案例导入

小Z是大学一年级学生，在中小学一直担任班长和团支书。考上职院后，她较强的组织能力和工作经验赢得了同学们的信任，担任了班级团支书。但她有个致命的弱点，就是争强好胜、嫉妒心强，在她的内心世界中，不允许别人超过自己。

大学校园里人才济济，小Z无论在综合素质上，还是学习成绩上都不是最优秀的。女同学小L是小Z所在班级的班长，小L在唱歌、跳舞、体育、学习等方面都略胜小Z一筹。小Z开始受不了，自尊心受到了极大的伤害。在她的内心里，充满了气愤、紧张、焦虑、嫉妒，她总是中伤对方，小L组织的活动她也拆台。在一次演讲比赛活动中，两人爆发了激烈的争吵，小L认为小Z不配合活动，而小Z认为小L不尊重她，没有跟她商量活动如何举办。最后，活动没有举办成功。

这种事情发生得越来越多，小Z也开始失眠、头痛，身体感到严重不适，难以正常学习，朋友也越来越少，在班级重新选拔班干部时，她落选了。伴随着挫折、失败和悲伤,她神志恍惚,最后退学回家。

思考:

1. 你觉得是什么原因让小Z退学回家的?她出现了什么问题?
2. 小Z为什么会出现这样的问题?
3. 如果你是小Z,你会怎么解决这个问题?

子任务一　识别沟通困扰

主要内容：

1. 人际交往的含义和原则；
2. 暴力沟通的特点和表现形式。

教学目标：

素质目标：能够关注自我、主动思考，具有自主学习和团队协作能力。

知识目标：能够理解暴力沟通的危害，能够说出暴力沟通的类型及对应特点。

能力目标：能够用"暴力沟通的表现形式"分析沟通不畅事件，意识到自己生活中的暴力沟通。

建议课时：2课时

知识准备

一、人际交往的含义和原则

(一) 人际交往的含义

人际交往（见图2-18），又称人际沟通，是指个体通过一定的语言、文字或肢体动作、表情等表达手段将某种信息传递给其他个体的过程。即：

(1) 人际关系是个体对个体的关系；

(2) 人际关系是通过一定的表达手段进行的，包括语言、文字、肢体动作、表情等；

(3) 人际关系是传递信息的过程。

人际交往是人类社会存在的方式，是人类实践活动的一个要素。人类实践活动需要借助于多种形式才得以实现，人际交往则是最基本、最重要的一种形式。

图2-18 人际交往

(二) 人际交往的原则

1. 平等原则

平等是建立良好人际关系的前提，是大学生建立友好人际关系必须具备的。在人际交往中，如果没有平等待人的观念，就是缘木求鱼。大学生来自不同的城市、地区，虽然有着不同的家境，但并无高低贵贱之分，在交往时应该做到平等待人，绝不可"势利眼"，也不能将自己的意愿强加给他人。

2. 尊重原则

尊重包括两个方面：自尊和尊重他人。自尊是在各种场合都要尊重自己，维护

自己的尊严。尊重他人就是要尊重别人的生活习惯、兴趣爱好、人格尊严和价值。只有尊重别人才能得到别人的尊重。

每个人都有自己的人格尊严，并期望在各种场合中得到尊重。尊重能够引发人的信任、坦诚等情感，缩短交往的心理距离。一般来说，大学生的自尊心都较强，因此，大学生在人际交往中尤其要注意尊重的原则，不损伤他人的名誉和人格，承认或肯定他人的能力与成绩。否则，易导致人际关系的紧张和冲突。坚持尊重的原则，必须注意在态度上和人格上尊重同学，平等待人，讲究语言文明、礼貌待人，不开恶作剧式的玩笑，不乱给同学取绰号，尊重同学的生活习惯。

3. 宽容原则

大学生个性较强，同学之间接触密切，常认为自己的观念是合理的，别人的都无可取之处，因此误解和矛盾产生的可能性更高。如果总这么认为，冲突就不可避免了。如果能够换位思考，站在对方的角度想一想，双方就能够相互理解、相互接受，冲突很容易化解。有时候大学生由于情绪过于激动，往往恶语相向甚至大打出手。一旦有了这样的事件，以后想要恢复关系，就非常困难了。想要做到宽容，必须控制和调整自己的情绪，避免因为过激而失去理智，造成不可挽回的后果。"宰相肚里能撑船"，宽容克制并不是软弱、怯懦的表现；相反，它是一种良好的心理品质，显示着一个人的气度和胸襟、坚强和力量，是建立良好人际关系的润滑剂。

4. 互利原则

互利是指一方在满足对方需要的同时，又能得到对方的回报。人际交往永远是双向选择，双向互动，你来我往交往才能长久。在交往的过程中，双方应互相关心、互相爱护，既要考虑双方的共同利益，又要深化感情。如果我们在人际交往中，始终是单向地考虑自己，总是这么自私，久而久之，你就会发现身边没有一个靠得住的人。交友亦是，人际交往更是如此。

人际关系以能否满足交往双方的需要为基础。如果交往双方的心理需要都能获得满足，其关系就会继续发展。因此，交往双方要本着互助互利原则。互助，就是当一方需要帮助时，另一方要力所能及地给对方提供帮助。这种帮助可以是物质方面的，也可以是精神方面的；可以是脑力的，也可以是体力的。坚持互助互利原则，就要破除极端个人主义，与人为善，乐于帮助别人。同时，又要善于求助别人。别人帮助你克服了困难，他也会感到愉快，这也可以进一步增强双方的情感。

5. 适度原则

适度原则就是要求我们在人际交往中要"亲密"，但不要"无间"，尤其是在与关系较好的朋友或是异性朋友之间。许多学生认为与朋友越是没有距离就说明关系越好、越牢固。其实，每个人在内心深处都会有自己认为最私密的东西，即便是在关系最亲密的人面前也是有所保留的，因此，如果过分要求朋友向自己敞开一切，而朋友不能接受时，就容易产生猜忌和怀疑。所以，要保持良好的人际关系，一定要坚持这一则，正所谓"距离产生美"。

二、大学生人际交往的特点

当代大学生人际交往在同学关系、朋友关系、师生关系、网络人际关系（见图2-19）等方面出现了新的特点。

图2-19 网络人际关系

（一）交往范围扩大化倾向

随着信息网络技术的迅速发展，整个世界变成了一个地球村，大学生人际交往范围也随之扩大，任何在现实周围环境找不到相同爱好的人似乎在网上都能找到同伴；无论你的习惯和爱好在周围的人看来是多么的"怪"，你也一样能进入虚拟的网络社会中，交往的范围进一步扩大了。

（二）同学关系矛盾集中化倾向

随着高校大规模扩招，学年学分制及完全学分制的逐步推行，高校多数课程实行大班级授课，出现"同学不同班"现象，班级的概念正逐步弱化。而学生公寓已成为学生生活和思想交流的重要场所，是学生一天中所待时间最长的地方。他们在这里休息、娱乐、交流、养精蓄锐。同时，公寓也是各种矛盾相对集中的地方，来自不同地区和文化背景的人生活在一起，免不了要产生各种冲突。

有专家统计，大学生人际关系障碍的主要表现是自卑、胆小、害羞、内向、孤僻、不善于人际交往、不善于言谈、怀疑他人、不喜欢参与社交活动、对人冷漠等，这些障碍出现的比例最高为83.3%，最低为38.3%。这些表现就集中体现在寝室人际关系中，使寝室成为同学关系矛盾集中爆发之处。

(三) 大学生人际关系虚拟化倾向

网络给人类社会带来深刻的影响是社会文化和生活方式的变化，其中最为重要的莫过于对人际关系的影响。由互联网所构成的虚拟社会正吸引着越来越多的人进行网络人际交往。大学生人际关系虚拟化已成为网络时代的一个客观、普遍现象。

网络这种虚拟人际交往给作为易感人群的大学生们的生活方式、价值观念带来的挑战和改变是前所未有的。它在扩大大学生人际交往范围与对象的同时，也使大学生失去了更多与周围真实世界交往的机会，使他们进入一种虚幻的状态，当他们再进入真实的世界中时会变得无所适从。大学生一旦在现实人际交往中受挫，就会转向虚拟社会寻求安慰和满足，冷漠面对现实人际环境，形成恶性循环，从而使他们更加沉溺于网络，最终导致退缩孤僻、自我封闭，人际关系出现淡漠与疏离。

三、暴力沟通

明明可以用很平和的语气说事，非要加一句"我真是服了你了""我就想不明白了，你怎么能这样"。

明明说让我点菜，我点了我爱吃的，他却说："这个不好吃，我给你点。"

明明都是邻居，我临时停车挡住了他的车，他走过来命令我说："挪一下车，我要出去。"

如果你碰到以上这些情况，你心里是不是很窝火？这种说话方式虽然也是在表达自己的某种愿望，但是忽视了别人的感受和需要，即使我们接受批评或者做出让步，也是心不甘情不愿的（见图2-20）。这些都属于暴力沟通。事实上，所谓暴力沟通，并不是见诸物理，而是一种超越身体伤害的心灵暴击。或者有时，你无意的语言就会伤害到别人，让对方痛彻心扉。

图2-20 暴力沟通

（一）暴力沟通的含义

暴力沟通（语言暴力）随处可见，而大部分冲突的本质不过是沟通双方的"内心需要"和"满足"之间的冲突。而语言暴力的根源就在于我们忽视了各自的感受与需要，把冲突的责任归咎于他人，从而在表达上造成了人与人之间的疏远和伤害。这些伤害由于经常伴随着我们，以至于我们开始习以为常。

我们都期待他们能够按照我们期望的去做，于是在沟通当中，很多人也就习惯于主导他人的行为和思想，向对方提出各种各样的要求，对方如果无法满足，就会被贴上各种各样的标签。这种现象在企业管理当中往往最为普遍，管理者很难认真倾听员工的心声，大多时候都是按照自己的想法去安排工作，一旦员工无法做到，就会采取惩罚措施。而这样的结果就是，要么管理者有政策，员工有对策；要么员工郁郁寡欢，长期心理压抑。但无论哪一种结果，都会带来不可避免的伤害。所以，语言暴力只关注这件事情究竟是谁的错，不管是谁的错，一定不是我的错。自然而然他要去指责别人，认为这就是别人的错，别人就不应该……想让别人承认错误，继而改正，通过批评、教育、辱骂、孤立让别人最终承认错误并改正。

1. 形成过程的隐蔽性

其过程的隐蔽性指的是构成"暴力"性质的过程中不易被人们察觉，这也是过去"暴力沟通"未能引起社会普遍关注的原因之一。

2. 形成方式的多样性

"暴力沟通"可以通过谩骂、诋毁、蔑视、嘲笑等各种手段来达到说话人的目的，而说话人的不同身份和角色也会影响其使用的方式。

3. 造成后果的严重性

现在，正是严重的后果才使"暴力沟通"越来越引起社会的普遍关注。教训是惨痛的，反思是深刻的。

图 2-21　暴力沟通的类型

（二）暴力沟通的类型

暴力沟通的类型如图 2-21 所示。

1. 道德评判

简单来说，拿自己的价值观当作标准。我的话、我的方式就是标准答案，如果一个人的行为不符合我的价值观，就是不道德、不标准的。具有强烈主观判断，每个人都或多或少有主观倾向，如果别人做的事儿不符合我们的想法，我们就会习惯性地做出主观的评判。

举个例子，妈妈去商场买衣服，女儿挑了白色的，妈妈的第一反应就是"这么干净的衣服你穿不了"，于是女儿又换了黑色的，结果她又说"年轻人穿什么黑色"。最后她替女儿选了件粉色的，征求意见时女儿点了头，又批评女儿没主见。

那什么行为属于道德评判呢？批评、辱骂、归类、评论、给别人贴标签都属于道德评判。我们一旦用道德评判的方式去和别人交流，就会忽视对方的感受和需要，把问题和责任都归结于对方，就很容易陷入暴力沟通。更重要的是，我们往往会对完全陌生的，或者特别熟悉、亲近的人产生道德评判。陌生人还好，但对于亲友来说，你的评判是至关重要的。

2. 回避责任

在日常生活中，我们会遇到很多这样的人：他们总是在责怪这个责怪那个。有时候，我们常常使用"我不得不这样做"或"某某让我这么做的"来解释自己的行为。这样的沟通模式，会让我们总是逃避责任，也会让我们忽略了自己情感的内在根源。不得不做的是回避责任中最典型的特征。似乎很多事都是无可奈何，不得不做。

那么你需要改变你的语言模式，把不得不改成我选择，每个人应该对自己的言行负责，也有资格负责。比如加班不是我不得不加班，而是我选择加班，因为我对我的工作负责。

转变立场后，你会发现自己掌握了生活的主动权。对自己的思想情感负责，是爱自己的一种重要方法，会让自己意识到你是自己的主人。你能够掌控生活，而不是被生活压迫。

3. 进行比较

比较也可以被认为是一种评判形式，这种比较典型的例子就是别人家的×××。被比较是一件特别痛苦的事，会让人过度地关注自己的短处，忘记自己的优势。有学者如此评价比较，"如果你想让自己过上悲惨生活，就和别人做比较"。总是跟别人比较，常常会让我们陷入痛苦之中，因为他人会影响我们的自我评价模式，也会降低我们达成目标的内在动力。进行比较也是一种评判，它会蒙蔽对人对己的爱意。

女孩哭着控诉自己的妈妈："你怎么总是拿我跟其他的同学比较，为什么我的努力你看不到？"而她妈妈却冷冷地回应："依你的性格，不打击会飘。当你很强的时候，我觉得要拍一下，当你很弱的时候，我觉得要推你一把。"

4. 强人所难

威胁他人，逼迫对方做并不心甘情愿的事。对别人的要求用命令的方式提出，暗含威胁和惩罚，它造成了我们心灵的隔阂。威胁对方，只会让对方感觉压力，无可奈何又不得不做，会在心中埋下一颗抗拒的种子，早晚有一天会反弹回去。

  主动选择的人生，才能拥有快乐。成年人最大的自律，就是克制自己纠正别人的欲望。所以对待任何人，不要强人所难，别人没有义务按照你的方式去生活，做好你自己就好，如果他人主动寻求你的帮助，你去帮忙，其他的顺其自然。

一、头脑风暴

你认为什么是暴力沟通？为什么？

二、心理探索

李明：明知道你自己完不成任务怎么不早告诉我呀？
林磊：我跟你说了啊，我当时就告诉你我可能完不成。
李明：那你为什么不大声点确定我听见呢？
林磊：你也没问我啊，况且就你的脾气我哪敢大声说？
李明：你还怪到我头上了？要不是你的环节出问题，我们会失败吗？
林磊：你就没有责任吗？你的责任更大，你自己好好想想吧。
运用所学知识分析，李明和林磊的对话属于暴力沟通吗？并说明原因。

三、心理训练

分组讨论暴力沟通在生活中的具体表现，除了大家认为的批评、谩骂、指责之外，还有什么表现形式？并思考如何化解暴力沟通。

四、内容测试

结合内容说说,下列沟通属于暴力沟通吗?属于哪种形式?

1. 你就不能向小李学习一下,每次把任务做得漂漂亮亮?

2. 你让我不得不批评你。

3. 你真是个笨蛋!

4. 你让我伤透了心。

5. 你是怎么考的呀,差一分及格,这也太难了吧!

6. 你就没有告诉我今天的会议取消了。

7. 你是怎么开车的?没看到后面还有车吗?

8. 你稍微快点行不行?

9. 你很聪明,这么难的题目都做对了。

10. 为什么别人都那么聪明,什么都会,你怎么这么笨!

五、内容回访

内容回顾	主要收获

人际交往的心理效应

1. 首因效应

人与人第一次交往中给人留下的印象，在对方的头脑中占据着主导地位，这种效应即为首因效应。首因效应也称为首次效应、优先效应或"第一印象"效应。

有这样一个故事：一个新闻系的毕业生正急于找工作。一天，他到某报社对总编说："你们需要一个编辑吗？""不要！""那么记者呢？""不需要！""那么排字工人、校对呢？""不，我们现在什么空缺也没有了。""那么，你们一定需要这个东西。"说着他从公文包中拿出一块精致的小牌子，上面写着"额满，暂不雇用"。总编看了看牌子，微笑着点了点头，说："如果你愿意，可以到我们广告部工作。"这个大学生通过自己制作的牌子表达了机智和乐观，给总编留下了美好的"第一印象"，引起其极大的兴趣，从而为自己赢得了一份满意的工作。这种"第一印象"的微妙作用，在心理学上称为首因效应（图2-22）。

图2-22 首因效应

2. 近因效应

近因效应，是指当人们识记一系列事物时对末尾部分项目的记忆效果优于中间部分项目的现象。近因效应与首因效应相反，是指在多种刺激一次出现的时候，印象的形成主要取决于后来出现的刺激。即交往过程中，我们对他人最近、最新的认识占了主体地位，掩盖了以往形成的对他人的评价，也称为"新颖效应"。

现实生活中，近因效应的心理现象相当普遍。小刘与小张是小学同学，从那时起，两个人就是好朋友，双方非常了解。可是近一段时间小刘因与家人闹矛盾，心情十分不快，有时小张与她说话，她动不动就发火。而且一个偶然因素的影响，小刘卷入了一宗盗窃案。小张认为小刘过去一直在欺骗自己，于是与她断绝了彼此的友谊。其实这就是近因效应在起副作用。

3. 光环效应

光环效应，又名晕轮效应，是指人们在人际交往的过程中，常从对方所具有的某个或某些特征出发，推论到其他方面的特征的现象。晕轮效应最早是由美国著名心理学家爱德华·桑戴克提出的，它是指月亮周围出现的光晕或光环，其实它们是月亮光的扩大化或泛化。爱德华认为，人们往往容易从局部认知和判断人与事物，再扩散到整体，常常以偏概全，就像晕轮一样。从正面来讲，通过某一方面建立有关别人的印象，最迅速、最经济，帮助人们尽快适应多变的外部世界；从负面理解，便是以偏概全，使人们对别人的印象与本来面目相去甚远。人们习惯于按照自己对一个人的一种品质推断出其还具有其他一些品质的倾向，如知道某人是正直的，则容易把这人想象成刚直不阿、真诚可信、办事认真、可信赖等，甚至爱屋及乌。外表的吸引力有着明显的晕轮效应，当一个人的外表充满魅力时，其与外表无关的特征，也会得到更好的评价（图2-23）。

图2-23　光环效应

4. 投射效应

投射效应，是指在交往的过程中，人们总是假设他人和自己有相同的倾向，即把自己的特性投射到他人身上，从而形成对他人的印象。有时候，我们对他人的猜测，无形中透露的正是自己。所以，我们不要妄自猜测别人的坏处，不要那么小心眼。

5. 刻板效应

刻板效应，是社会上对于某一类事物或人物的一种比较固定、概括而笼统的看法。在人际交往中，人们有时会把对某一类人物的整体看法，强加到该类的每一个个体上，从而忽视了个体特征。刻板效应有利于总体评价，但对个体评价会产生偏差。比如，农村来的同学认为城市来的同学见识广，而城市来的同学认为农村来的同学见识狭隘。

 品质提升

> 子曰："见贤思齐焉，见不贤而内自省也。"
>
> 《论语》是战国时期孔子弟子及再传弟子记录孔子及其弟子言行而编成的语录集。这句话出自《论语》的第四篇《里仁篇》，该篇共26章，主要内容涉及义与利的关系问题、个人的道德修养问题、孝敬父母的问题以及君子与小人的区别。该篇包括了儒家的若干重要范畴、原则和理论，对后世产生了较大影响。
>
> 解释：贤，形容词用作名词，贤者，有贤德、有才华的人。齐，向……看齐。焉，于加之。内，方位名词作状语，在心里。思，思考，心里想。见贤思齐焉，见到有才华的人就向他学习，希望向他看齐。整句话的意思是：见到有人在某一方面有超过自己的长处和优点，就虚心请教，认真学习，想办法赶上他，和他达到同一水平；见有人存在某种缺点或不足，就要冷静反省，看自己是不是也有他那样的缺点或不足。

子任务二　识别负性评论

主要内容：

1. 人际关系的建立和发展；
2. 大学生人际交往的心理障碍；
3. 人际沟通中的"同理心"定向。

教学目标：

素质目标：能够关注自我、主动思考，具有自主学习和团队协作能力。

知识目标：理解人际关系的建立和发展阶段，掌握观察和评论的概念。

能力目标：能够简单识别人际交往中的障碍，能够区分观察和评论。

建议课时：2课时

 知识准备

一、人际关系的建立和发展

(一) 人际关系的状态

人与人之间相互关系的形成和发展，从无关到关系密切，需要经过一系列的变化过程。

最初当两人彼此没有意识到对方存在的时候，双方关系处于零接触状态。此时双方是完全无关的，没有任何个人意义的情感联系。如果一方开始注意到对方，或双方产生了相互注意，则人与人之间的相互关系就已经开始，一方开始形成对另一方的初步印象，或彼此都获得了对于对方的初步印象。

双方的情感联系，是从直接接触开始的。从交往双方开始直接谈话的那一刻起，彼此就开始了真正的情感关联。在通常情况下，人与人的沟通、信任和关系是逐步深入的，最初的直接接触是表面的，彼此之间几乎没有情感卷入。

双方实质关系的开始和深入，是随着双方在沟通的不断深入和扩展并发现和确认双方共同心理领域的过程中实现的。心理学家按照情感融合的相对水平，将人际关系分为轻度卷入、中度卷入和深度卷入三种。在轻度卷入的人际关系中，交往双方所发现的共同心理领域较小，双方的心理世界只有小部分重合，这一范围内，双方的情感是融合的。在中度卷入的人际关系中，交往双方已发现较大的共同心理领域。相应地，双方的心理世界也有较大的重合。在深度卷入的情况下，双方已发现的共同心理领域有可能大于相异的心理领域，彼此的心理世界高度（但从来不会完全）重合，情感融合的范围也覆盖了大多数的生活内容。在实际生活中，人们只同极少数人能够达到这种人际关系深度，有些人则从来没有与任何人达到这种深度的关联。

(二) 人际关系的发展阶段

和谐、融洽的人际关系（见图 2-24）的建立和发展，从交往及情感的由浅入深，需要经过定向、情感探索、感情交流和稳定交往四个阶段（I. Altman 和 D. A. Taylor，1973）。

1. 定向阶段

定向阶段涉及交往对象的选择，包含对交往对象的注意、抉择和初步沟通等多方面的心理活动。在熙熙攘攘的世界里，人与人发生关联的可能性几乎是无限的。心理学家曾经通过实验发现，真实生活的确是一个所谓的"小世界"，我们几乎可以

图 2-24 和谐融洽的人际关系

与任何一个没有联系的人只通过简单的中介就发生关联。实际上我们并不是同任何一个相遇的人都建立良好的人际关系,而是对人际关系的对象有着高度的选择性。在通常情况下,只有那些具有某种会激起我们兴趣特征的人,才会引起我们的特别注意。

2. 情感探索阶段

情感融合的含义是双方的共同信任,也就是相互之间建立安全感。从本质上讲,在哪种程度上建立安全感和信任,人情(人际关系)就在哪种程度上融合。

情感探索是双方探索彼此在哪些方面可以建立信任和真实的情感联系,而不是仅仅停留在一般的正式交往模式上。随着双方共同情感领域的发现,双方的沟通也会越来越广泛,自我表露的深度与广度也逐渐增加。在这一阶段,人们的话题仍避免触及私密性的领域,自我表露也不涉及自己深层的方面。尽管双方关系到这一阶段已开始有一定程度的情感卷入,但交往模式仍与定向阶段相类似,具有很大的正式交往特征,彼此仍然注意自己表现的规范性。

3. 感情交流阶段

人际关系发展到感情交流阶段,双方关系的性质开始出现实质性变化。此时双方在通常生活领域中涉及的人际关系安全感和信任感已经得到确立,因而沟通和交往的内容也开始广泛涉及自我的许多方面,并有较深的情感卷入。如果关系在这一阶段破裂,将会给人带来相当大的心理压力。在这一阶段,正式交往模式的压力已经趋于消失,双方交往的行为表现可以超出正式交往的范围,显示出融合的自发交往关系。此时，人们会相互提供真实的评价性的反馈信息，提供建议，彼此进行真诚的赞赏和批评。

4. 稳定交往阶段

在这一阶段，人们心理上的相容性会进一步增加，自我表露也更为广泛和深刻。此时，人们已经可以允许对方进入自己高度私密性的个人领域，分享自己的生活空间和财产。但在实际生活中，很少有人达到这一情感层次的友谊关系。许多人同别人的关系并没有在第三阶段的基础上进一步发展，而是仅仅在第三阶段的同一水平上简单重复。

二、大学生人际交往的心理障碍

一般来说，大学生在人际交往过程中，出现一些困难或不适应是难免的，但如果个体的人际关系严重失调，人际交往时常受阻，就说明存在着交往障碍（见图2-25）。

图2-25 交往障碍

人际认知反映的是人们对人际关系状况的了解程度，包括对自我、对他人、对交往本身的认知和理解。对自我的认知会影响人际交往中的自我表现，对他人的认知会左右对他人的态度和行为，对交往本身的认知会影响交往的目的、广度和深度。

（一）过于理想化

大学生生活经历一般不足，缺乏对事物本质的把握能力，所以对人际的认知过于理想化，易把理想和可能性当作现实，即对人际交往的期望值较高，用理想化的尺度来衡量现实。

大学生在进入大学之前，充满了对自己心中理想大学的憧憬，当然也包括对大学里温馨、和谐的人际关系的憧憬。他们赋予大学人际关系以理想、完美的色彩，这使他们对校园里人际关系的复杂性和多样性缺乏足够的心理准备。有资料显示，大约有70%的大学生不同程度地对自己的人际关系感到不满足，而从具体分析来看，主要是由其理想与现实不相吻合而产生的失望。

（二）归因偏差

大学生在认识自己的人际关系、处理自己人际关系中相关的一些事情时，容易出现一定的归因偏差甚至错误。

1. 以"第一印象"下定论

因为第一印象往往最深刻，容易对后续信息产生排挤、忽略和弱化的作用，也就是我们常说的"先入为主"。这种只看最初表象的认知倾向，极其容易造成认知判断上的错位、失真和片面，成为人际交往的障碍。这种情况常出现在短期接触中。

2. 以一件事情下定论

近期信息信号最强，记忆最清晰。在较为长期的交往中，最近的印象比最初的印象更占优势，这是一种心理惯性。这种认知倾向容易让人以偏概全。"窥一斑而知全豹"并不总适用于一切人和事。

以固定模式、习惯定式下定论。在我们的头脑中，有一些已经获得的经验、观念，我们常常以此来评价他人，这样耗费的心理能量最少，最省事。但是，容易造成一些偏差，导致我们判断的错误。人如其面，各有不同，不能用一个概念来衡量。

3. 自我中心

现在的大学生大多数是独生子女。独生子女的一些共同心理特点在很多大学生身上表现明显，如主观固执，自我意识强，自理能力差，想问题、处理事情往往以自我为中心。他们常常认为自己就是"恒星"，别人是"行星"，都应该围着他们转，关心他们，为他们着想。他们往往会过分关注自我，过分注重自我需要的满足，却忽略或否认他人的需要，并以自我需要展开人际活动，进而以此作为判断和评价人际关系的标准。

三、沟通中的"同理心"定向

同理心（图2-26）是指站在对方的角度和位置上，客观地理解对方的真实看法和内心感受，并且基于这种理解来进行沟通，同时将自己的同理心传达给对方的一种沟通交流方式。同理心有时被说成移情或共情，不同术语来源一致，本质的意义也是相同的。

图 2-26　同理心

　　同理心的核心是真正理解对方的观点和情感。要实现这一点，必须对对方有发自内心的兴趣和重视。提供信息的目的是被理解，而由于人们的经验背景不同，理解上可能存在显著差异。只有当我们站在别人的角度，体会到别人理解所依赖的情绪与经验的背景时，才可能选择出最能够使别人准确理解我们的语词或非语词符号。许多人摆脱不了自我中心，不能对别人的状态进行移情，纯粹从自己的经验和情绪背景出发来选择沟通方式和符号，因而在沟通中也常常产生误解，从而使沟通失败或导致不良的后果。

 自主探究

一、头脑风暴

在你的理解中,什么是同理心?你是否可以站在别人的立场上来看待问题?请举例说明。

二、心理探索

小林端着打好饭的餐盘走向座位,忽然发现其他人除了餐盘还有单独的一碗小菜。

小林重新走回窗口,跟打饭的大姐说:"你就没给我那碗小菜。"打饭的大姐生气地说:"我给你放这里了,是你忘了拿。"……

1. 小林和大姐没能好好沟通的原因是什么?

2. 如果排除你刚说的原因,你觉得还可能是什么原因?

3. 如果你是小林,你会如何表达?原因是什么?

三、心理训练

运用所学知识分组讨论下列语句。判断哪些是观察、哪些是评论,并说明原因。

1. 米奇花钱大手大脚。
2. 欧文是个差劲的前锋。
3. 昨晚爸爸看电视的时候睡着了。
4. 小明今天没有按时交作业,我觉得他毕不了业。
5. 通过这件事,我认为他可以很好地完成工作。
6. 如果你饮食不均衡,你的健康就会出问题。
7. 昨天我们老板无缘无故对我发了一顿脾气。
8. 索菲长得很丑。
9. 本周小王每天都是早上7点半准时上班。
10. 我有个闺蜜每次都喜欢向我传播负能量。
11. 他很少说话。
12. 小丽告诉我,我穿红色的衣服比较美。

_____
_____
_____
_____
_____

四、内容测试

运用所学知识,分析下列语句中哪些是评论,并试着把评论改为观察。

1. 昨晚妹妹看电视的时候睡着了。

_____

2. 开会时,老师没有问我意见。

_____

3. 我父亲是个好人。

_____

4. 麦克工作的时间长了。

_____

5. 亨利很霸道。
_____

6. 本周彼得每天都排在最前面。
_____

7. 他经常不刷牙。
_____

8. 姑姑跟我说话的时候总是发牢骚。
_____

9. 今天早上我看到一个穿红色衣服的美女。
_____

10. 我发现你总是不愿意配合我的工作。
_____

五、内容回访

内容回顾	主要收获

归因与归因理论的概念

归因（Attribution）是指根据有关的外部信息、线索判断人的内在状态，或依据外在行为表现推测行为原因的过程，也称为归因过程。心理学家根据各种研究所提出的有关归因问题的不同概念与观点，统称为归因理论。

设想，下雨天一辆急驰而过的汽车溅了你一身泥水，你怎样解释司机的行为呢？是司机有紧急的事情要做，不得已而为之；还是这位司机故意借此取乐？你会发现，随着你对司机行为的解释不同，你的行为反应也不同。如果你相信是前一种情况，你会觉得事情情有可原，不去追究，甚至祈祷司机一路顺利。如果你认为司机故意制造恶作剧，你则会非常愤怒，甚至在可能的情况下予以报复。

人需要对外部世界和自己的行为进行原因解释，从而对事物有预见性，以便对环境有所控，并使自己的行为有明确引导。人需要知道与自己相处的其他人对自己有利还是有害，需要知道自己的某种行为是带来奖励的后果还是惩罚的效应。因此，归因不仅仅是一种心理过程，更是人们的一种需要。

韦纳的成败归因理论（B. Weiner，1971）认为，成功、失败的原因包括两个维度，一个是内在因素和外在因素，另一个是决定成败的因素是经常发生还是偶尔发生。要综合两个维度才能做出总结性的归因。

归因的三维度模式如表2-8所示。

表2-8 归因的三维度模式

三维度	内部的		外部的	
	稳定的	不稳定的	稳定的	不稳定的
	可控的	不可控的	可控的	不可控的

韦纳等人（1973）认为能力、努力、运气、任务难度是个体分析工作成败的主要原因。

其研究表明，①当一个人目前的成败与自己过去的成败不一致，而且与别人的成败也有所不同时，一般归因为不稳定的内在因素。如某学生平时成绩很好，但是这次别人考得都很好，他却刚及格，这时候可以归因为他在准备这次考试上努力不够。②当一个人目前的成败与自己过去的成败相一致，而且和他人的成败也一致，这时任务的难度往往成为归因所在。如某学生平时成绩很好，这次考试中，他考得很好，其他同学也考得很好，这个时候，我们倾向于认为此次考试的试题比较简单。③当一个人目前的成败和自己以往的成败相一致，但是和他人的成败不同时，能力就成为归因所在。如某学生平时成绩很好，这次考试考得很好，但是其他学生考得都不理想,我们会认为这个学生很聪明,学习能力很强。

 品质提升

"问渠那得清如许?为有源头活水来。"

这句诗出自宋代朱熹《观书有感》诗之一。

解释:要问它怎么会这般清澈?这是因为从水的发源处有长流之水流来。后有人用以说明只有不断地从生活中汲取营养,才能写出激动人心的好作品。

子任务三　实践沟通技术

主要内容：

1. 大学生人际交往的技巧之一：认知的技巧；
2. 大学生人际交往的技巧之二：谈话的技巧（非暴力沟通）。

教学目标：

素质目标：在人际沟通中学会变通。

知识目标：理解人际交往的认知技巧，理解并掌握非暴力沟通的四个要素。

能力目标：能够恰当使用非暴力沟通处理人际沟通中的问题。

建议课时：2课时

 知识准备

一、人际交往的技巧：认知方面

人际交往能否顺利，与交往者的态度、行为直接相关，而人的态度和行为具有选择性，正确的态度和行为必定是建立在对自己、交往对象及交往情境正确认识的基础之上。

如果对自己、对他人、对社会情境了解片面，甚至完全误解，人际交往中的态度和行为的选择就很难正确。当你希望别人理解你时，你也应清楚他人的需要，尊重他人的价值观，这样才能理解自己和他人的差异。理解了人的差异性，才能在真正意义上深入认识自我和他人。认知如图2-27所示。

图2-27 认知

（一）对自己的认知

认知方面最主要的是对自己的认知。即对自己的需要、兴趣、能力、个性、行为以及心理状态有全面认识。有无正确的自我评价，对于自身情绪和感受的觉察和认知，会影响人际交往中的自我表现。

在人际冲突爆发时，我们经常会有很多情绪表现出来，甚至有一些很负面的情绪，这时，我们需要认识到，我们的这些情绪来源是我们自身对事件的看法，而非事件本身，事件本身只是我们情绪的诱因，而非决定性因素，也就是我们前面所讲的情绪ABC理论。明白这点，我们也就不会一味地责怪别人，而是掌控自己的情绪，改变自己的想法，从而改变自己的情绪，达到良好的沟通效果。

（二）对他人的认知

其次是对他人的认知，即在社会交往中对他人的了解和认识，通过他人的行为

表现和外部特征来全面推测和判断其需要、动机、兴趣、情感、个性等心理活动的过程。在人际交往过程中,你是否可以敏感地察觉到对方的变化,是决定你人际关系至关重要的一步。察觉到对方的变化之后,如何应对?是选择停止不再说话,还是选择说一些别人爱听但自己不舒服的话,完全取决于自己。那么有没有别人爱听,而且自己又不难受的话呢?有,就是我们所说的非暴力沟通。

(三) 对交往本身的认知

最后是对交往本身的认知。交往的过程是双方彼此满足需要的过程,如果只考虑自己的满足而忽视对方的需要,就会引起交往障碍。

二、人际交往的技巧:谈话方面(非暴力沟通)

(一) 学会交谈是人际交往成功的重要因素

交谈(见图 2-28)是最主要的人际沟通方式。在人际交往中,交谈能否顺利取决于交谈的内容和方式、方法,它们也直接影响着交往效果。所谓"良言一句三冬暖,恶语伤人六月寒"说的就是这个道理。如何做到说话不伤人,说话别人爱听,我们不妨尝试一下非暴力沟通。非暴力沟通包含四个要素,即:

图 2-28 交谈

1. 说事实

说事实要求我们学会区分观察与评论。每一个人都或多或少地被贴过标签,比如善良、懒惰、坚强、愚蠢,等等。这些所谓的"标签"很多时候也会出现在人与人的沟通过程当中,人们有时候并不能区分这些标签是我们自身对他人的评价还是观察。

非暴力沟通的第一个要素就是观察,也许很多人认为这个要素的实现是非常容易的，但是在实际操作过程当中总会混淆，误将评论等同于观察。所以，若想掌握非暴力沟通，学会怎样区分观察和评论就显得尤为重要。

观察的要素要求我们仔细观察正在发生的事情，然后客观而清晰地表达出我们所观察到的结果，而不是从我们自身的观念和角度出发进行评论。当然，非暴力沟通并不是让我们完全将观察与评论相互对立起来，而是期望我们能够明白，区分观察与评论在沟通当中的重要性。

实际上，我们所生存的世界本身就存在着无数的变化，虽然我们处于一个动态的世界当中，需要通过沟通来解决众多复杂的问题，但是我们的语言却是静态的，当我们通过一种静态的语言向他人描述动态的世界时，对这个过程的观察就成为最为关键的要素。

其实，种种问题的表达和答案都指向了一个固定的标签——好或者不好，喜欢或者不喜欢，一切都自动略过了我们动态的观察，而直接有了属于自己的评论。而这种评论往往倾注了我们的主观色彩，有时候未必是客观事实的真实表达。观察不是评论，它是非暴力沟通的第一要素，正如哲学家克里希那穆提曾经表述的那样："人类智力的最高形式，就是不带有任何评论地去观察。"

我们去评论的时候，会不断地使用"总是""经常""从不""每次""很少"一类的词语，以至于通过这些词语去混淆观察和评论。而这样做的结果往往是我们的表达言过其实，而且在沟通当中，这样的评论也容易让他人产生逆反心理，从而做出不友善的回应，引发沟通的冲突。

2. 谈情绪

情绪和感受，我们在前面任务中已经详细地讲过，在这里需要注意的是要表达我们的感受。人们之所以不会选择客观地表达自己的感受，是因为我们的感觉总是在不断变化，而且非常复杂。此外，由于文化或者社会习惯的影响，人们已经形成了在沟通中压抑自我感受的习惯，长此以往，我们体会和表达自我感受的能力也受到了限制。

而在沟通中，如果我们无法确切地体会与表达自己的感受，那么他人也很难准确地了解我们，这也成为人与人之间产生沟通障碍的原因之一。可以说，体会和表达自我的感受是一扇开启交流的大门，非暴力沟通就是通过感受这一要素去打开这扇被关闭的大门。

3. 讲想法

想法在情绪 ABC 理论（图 2-29）中已经做了详细的解释，需要在上一节也进行过讲解。这里需要提出一点，就是我们上一节一直强调的，我们内心会出现种种情绪感受，最根本的原因是自己的内心深处有某种需要没有被满足。比如，我们感到恐惧，是因为我们需要足够的安全感；我们感到愤怒，是因为我们需要得到更多的理解和支持；我们感到悲伤，是因为我们需要他人的关怀和安慰。而在沟通时，了解自己和他人的需要，是健康的交流关系得以建立的重要因素。只有了解了自己的需要，并将它们表达出来，我们才能够获得他人的帮助；只有确认了对方的需要，我们才能够去满足他们，才能使沟通顺利进行。

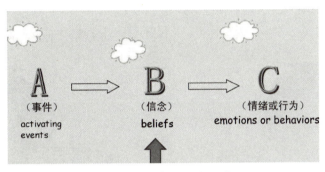

图 2-29　情绪 ABC 理论

4. 提请求

请求，是非暴力沟通的第四个要素，如果我们能够明确地表达出自己的需要，那么提出请求就变得相对容易。需要注意的是，在沟通当中，我们应当学会区分请求与命令——提出请求并不是命令对方，只有这样，我们才能够得到积极的回应。

首先，明确地告诉对方，我们希望他怎么做，而不是用抽象的语言来表达我们的需要，请求应当是具体的、正向的，如果是反向的，不但很难得到对方的积极回应，反而会引起听话人的抵抗和反感。

其次，要学会区分请求和命令。简单来讲，请求和命令二者之间的差别，主要还是在说话人的心态上。如果自己提出的请求没有得到满足，很多人就会对他人进行评判或者指责，实际上这就是命令。再具体和深入一点，怎样实现也是请求与命令的重要区别标准，如果我们想通过让对方感到内疚来达到我们的目的，那么这样的方式也是一种命令。非暴力沟通的四个要素如图 2-30 所示。

图 2-30　非暴力沟通的四个要素

（二）学会倾听是一项重要的沟通艺术

伏尔泰说："通往心灵的大道是人的耳朵。"善于倾听的人，人际关系一定是融合的，因为倾听本身就等于告诉对方，你是一个值得我倾听讲话的人。这样会提高对方的自尊心，加深彼此的感情。一个善于倾听的交谈者是最受人欢迎和信赖的。

全身心倾听（见图2-31）包含三个环节：体会他人的感受和需要—反馈—保持持续关注。

图2-31　全身心倾听

首先，体会他人的感受和需要是全身心倾听的第一个环节，这一环节有一个前提，就是放下自己的成见，不对倾诉者的想法进行反驳或者提建议，而是用心去体会。倾听并非我们所想的那样简单，它分为有效倾听和无效倾听，而生活中的倾听大多数为无效倾听。非暴力沟通中的全身心倾听则是一种有效倾听，是促进交流和沟通的重要方式。

其次，反馈。在沟通过程中，倾听者正确地体会到他人的感受和需求之后，就需要给予对方反馈。这样做的目的就在于让倾听者意识到对方已经准确地知道和明白了他的意图和需求，而且，及时反馈也可以让沟通向双方都期待的方向发展，通过反馈，可以让信息接收者对理解不到位的地方及时进行纠正。

与人沟通之时，反馈的方式有很多种，而最好的方式就是清楚而具体地表达出倾诉者的需要和感受，例如，"你很难过，是吗？""为什么会有这样的想法？"等等。另外，反馈的语气也特别重要，不要使用下结论的语气，否则很容易招致对方的反感。

最后，保持持续关注。在非暴力沟通的有效倾听中，如何反馈是一项技巧，但反馈并不意味着全身心倾听就能够达到良好的沟通效果，因为倾听的过程并非单向的反馈，而是一个循环的过程。所以，在反馈之后，倾听者还需要对对方的信息保持持续关注。

一、头脑风暴

1. 与人沟通的时候，如果出现沟通不畅，你觉得原因是什么？

2. 你会使用什么办法处理这种沟通困扰？

二、心理探索

佳佳的爸爸摔伤住院了，一天，她到护士站去拿爸爸的检查结果，顺便让护士帮忙看看，俩人对话如下：

佳佳：护士，帮我查一下×××的X光结果。

护士：等一下。

佳佳：你稍微快点行不行？结果没事吧？

护士：（将结果扔给佳佳）自己看。

佳佳：自己看？这我能看懂吗？我要能看懂，还要你干什么？你帮我看一下呗？

护士：检查结果找主治医生看，你是不是找茬儿吵架啊？关我什么事啊？

运用所学知识，分析佳佳和护士的对话出现了哪些暴力沟通。如果你是佳佳，你会怎么跟护士说？注意使用非暴力沟通（说事实、谈情绪、讲想法、提请求）。

三、心理训练

寻找生活中的暴力沟通，并用非暴力沟通去化解。

四、内容测试

下列语句是否使用了非暴力沟通？如果没有，错在哪里？

1. 你看你，又把事情搞砸了。

2. 你怎么这么蠢！居然犯了这么低级的错误？

3. 我选择自己做晚饭，因为我想吃得更健康。

4. 下次考试，你必须考到班级前5名，不然暑假就别想出去玩了！

5. 你这周末不能和我一起吃饭，我很难过。本来想和你好好聊一聊的。

6. 你到处乱扔玩具让我不得不把你所有的玩具都扔掉，我希望你可以收拾一下。

7. 你将公司的机密文件落在了会议室，太令我失望了。

8. 你这么说，我很伤心。我需要尊重。

9. 我生气是因为他们没有回应我的请求。

10. 我希望你可以帮我拿一下书,因为我现在要完成很重要的工作,我很着急。
_____

五、内容回访

内容回顾	主要收获

内容拓展

自我阻抑策略

社会心理学家有关自我阻抑策略的最新研究,使人们的自我价值保护倾向得到了更好的证明。所谓自我阻抑策略(Self–Handicapping Strategies),是指个人为未来可能的失败制造保护性借口(Protective Excuses)所采取的措施。其目的在于保护或促进自己自我胜任(Self–Compelence)的概念。

有关自我阻抑策略的一个代表性研究,是由社会心理学家伯格拉斯等人(S. Berglas & E. E. Jones)于1978年完成的。

他们以自愿参加实验的大学生为被试,告诉被试他们参加的是一个药物研究,目的在于考察不同药物对问题解决能力的影响(实际这不是实验的真正目的)。被试分为两组:甲组为能力确定组,乙组为能力不确定组。实验的操作是,先让被试完成一些预备问题解决的练习。但甲组被试得到的习题是可以解决的,以使他们对实验后面安排的问题解决测验抱有信心。乙组被试得到的问题解决习题是他们解答不了的,以此使他们对后面的测验感到没有把握。

实验的下一步,研究者告诉所有被试:你们在预备练习上都做得很好,下面我们来实验药物对问题解决能力的影响。在大家做与预备练习类似的正式能力测验之前,可以从两种不同药物中任选一种服用。这两种药物分别叫作阿克塔维尔(Actavil)和潘多辛(Pandocin)。阿克塔维尔的作用,是提高问题解决的能力;而潘多辛的作用,是减弱问题解决的能力。

研究的结果的确很好地证实了有意思的自我阻抑现象。对于甲组被试,由于他们在预备练习上,建立了面对能力测验挑战的信心,确立了自我胜任概念,并希望在测验上做得更好,因而他们普遍倾向于选择被认为可以促进自己解决问题能力的药物阿克塔维尔,仅有13%的被试选择被认为作用是妨碍问题解决能力发挥的另一种药物。与甲组形成鲜明对照的是,乙组被试由于实验操作让他们先获得了失败的经验,他们面对后面的能力测验缺乏信心,自我胜任的概念被动摇了。他们强烈倾向于害怕在能力测验上得到一个自我被否定的结果,因而大多数人不是去选择被认为有促进问题解决作用的药物,而是选择被认为作用是妨碍问题解决的药物潘多辛,这个比例高达70%,与甲组的13%构成了强烈对比。乙组被试通过这种选择,为后面可能的失败准备了一个方便的借口,以避免用自己能力低下来解释可能的失败结果,从而避免自我胜任的概念受到威胁,并进而使自我价值感(Feeling of Self–Worth)出现危机。用归因理论的术语来说,就是他们为未来可能的失败准备了外因的解释,以避免将失败做不利的本性归因,自己承担这种行为后果的责任。

研究者分析,人们对自己能力的确切状况,通常是难以进行自己确认的,成功或失败的经验是人们确认自己能力的必要途径。由于人们在期待上总希望事情的结果是有利于自己的，希望自己获得成功的经验，使自我胜任感得到确认和加强，因此，当人们面临能力的挑战时，就会有意无意地用一定的方法来阻抑自己，增加自己获取成功的困难。这样，如果结果真的是失败，人们就有了合理解释失败的借口，而避免自己面临"无能"标签的威胁。如果结果是成功，则人们就更好地证明了自己的能力与克服困难获取成功的巨大潜在可能性，使人们原有在过去成功经验基础上建立起来的自我胜任（对能力的自信）概念继续维持或得以促进。伯格拉斯等人的实验通过操作动摇了能力不确定组被试在所谓能力测验上获得成功的信心，因而他们的自我阻抑效应也显示得更加明显。

我们知道，日常生活中，人们在不期望的行为结果出现之后，会有意无意地寻找各种理由来解释行为后果，使行为看起来合理化，从而减轻自己的心理压力。这种心理倾向被称作合理化作用。与合理化作用相比较，自我阻抑现象可被称为自我阻抑作用（Self-Handicapping）。二者的区别在于，合理化作用是对不期望行为结果的事后心理反应，而自我阻抑作用则是人们对可能威胁的预先心理反应。

品质提升

> 穷则变，变则通，通则久。
>
> 这句话出自《周易·系辞》下："神农氏没，黄帝尧舜氏作。通其变，使民不倦，神而化之，使民宜之。易穷则变，变则通，通则久。是以自天佑之，吉无不利。"
>
> 解释：神农氏死后，黄帝尧舜相继继位，不但传承神农氏的治国道理，而且针对国内具体的大环境加以变化，使百姓丰衣足食，神农氏的治世之道变化后，百姓安居乐业；变化，当事物发展到极点的时候，便想到要加以变化，以求通达，随着通达而至的是长久。这可能是上天的庇佑，无往不利。
>
> 事物发展到了极点则变化，变化则通达，能通达，则能恒久，指事物发展到了极点，就要发生变化，才会使事物的发展不受阻塞，事物才能不断地发展。道行不通时选择变化，变化了后就会豁然开朗，行得通则可以长久。
>
> 事物在时间里是不以人的意志为转移而发生变化的。不过，更朴实的中国老百姓从这句话中，摘出了两个字，表达了更为实用主义的意思。那便是"变"和"通"二字，合起来，即为"变通"。变通一词，仍然极具通用性。告诉人们遇事不必死钻牛角，而应该懂得通融、屈伸。

任务五　提升爱的能力

❀ 心理测试

完成下面30道题，每道题中的两个选项你更喜欢哪一个，请圈出来。完成后，再回头统计你所圈选的英文字母各有几个，然后对照最后的"分析与应用"。

测试题：

1. 我喜欢收到写满赞美与肯定的小纸条。A
我喜欢被拥抱的感觉。E
2. 我喜欢和在我心目中占有特殊地位的人独处。A
每当有人给我实际的帮助时，我就会觉得他是爱我的。D
3. 我喜欢收到礼物。C
我有空就喜欢去探访朋友和所爱的人。B
4. 当那个人帮我做事，我会觉得被爱。D
当那个人碰触我的身体，我会觉得被爱。E
5. 当我所爱、所敬仰的人揽着我的肩膀，我就会有被爱的感觉。E
当我所爱、所敬仰的人送我礼物，我就会有被爱的感觉。C
6. 我喜欢和朋友或所爱的人到处走走。B
我喜欢和在我心目中有特殊地位的人击掌或手牵手。E
7. 爱的具体象征（比如礼物）对我很重要。C
受到别人的肯定让我有被爱的感觉。A
8. 我喜欢和我所喜欢的人促膝长谈。E
我喜欢听到别人说我很漂亮、很迷人。A
9. 我喜欢和好友所喜爱的人在一起。B
我喜欢收到好友及所爱的人送的礼物。C
10. 我喜欢听到别人接纳我的话。A

如果有人帮我的忙，我会知道他是爱我的。D

11. 我喜欢和朋友与所爱的人一起做同一件事。B

我喜欢听到别人对我说友善的话。A

12. 别人的表现要比他的言语更能感动我。D

被拥抱让我觉得与对方很亲近，也觉得自己很重要。E

13. 我很珍惜别人赞美我并且尽量避免批评我。A

送我许多小礼物要比送我一份大礼更能感动我。C

14. 当我和人聊天或一起做事时，我会觉得与他很亲近。B

朋友和所爱的人若常常与我有身体的接触，我会觉得与他很亲近。E

15. 我喜欢听到别人称赞我的成就。A

当别人勉强自己为我做一件事，我会觉得他很爱我。D

16. 我喜欢朋友和所爱的人走过身边时，故意用身体碰碰我的感觉。E

我喜欢别人听我说话，而且兴趣十足的样子。B

17. 当朋友和所爱的人帮助我完成工作，我会觉得被爱。D

我很喜欢收到朋友和所爱的人送的礼物。C

18. 我喜欢听到别人称赞我的外表。A

别人愿意体谅我的感受时，我会有被爱的感觉。B

19. 在我心目中有特殊地位的人碰我的身体时，我会很有安全感。E

服务的行动让我觉得被爱。D

20. 我很感激在我心目中有特殊地位的人为我付出那么多。D

喜欢收到在我心目中有特殊地位的人送我礼物。C

21. 我很喜欢被人呵护备至的感觉。B

我很喜欢被别人服务的感觉。D

22. 有人送我生日礼物时，我会觉得被爱。C

有人在我生日那天对我说出特别的话，我会觉得被爱。A

23. 有人送我礼物，我就知道她想到我。C

有人帮我做家事，我会觉得被爱。D

24. 我很感激有人耐心听我说话而且不插嘴。B

我很感激有人记得某个特别的日子并且送我礼物。C

25. 我喜欢知道我所爱的人因为关心我，所以帮我做家事。D

我喜欢和在我心目中有特殊地位的人一起去旅行。B

26. 我喜欢和最亲近的人亲吻。E

有人不为了特别的理由而送我礼物，我会觉得很开心。C

27. 我喜欢听到有人向我表示感谢。A

与人交谈时，我喜欢对方注视我的眼睛。B

28. 朋友或所爱的人所送的礼物，我会特别珍惜。C
朋友和所爱的人触碰我的身体，那种感觉很好。E
29. 有热心做我所要求的事，我会觉得被爱。D
听到别人对我表示感激，我会觉得被爱。A
30. 我每天都需要身体的接触。E
我每天都需要被肯定的言词。A
总计：A 肯定的言词_____个；
B 精心的时刻_____个；
C 接受礼物_____个；
D 服务的行动_____个；
E 身体的接触_____个。

分析与应用

你在哪一项爱之语得分最高，它就是你的主要爱之语。假如有两个爱之语得分相同，你可能是"双声带"，有两个主要爱之语。如果你的"第二名"跟"第一名"相差无几，表示两种示爱的方式对你都很重要。任何一种爱之语的最高分数是 12 分。

虽然你在某个爱之语上的得分高出其他许多，并不表示其他爱之语不重要。朋友和所爱的人也许会用这些方式表达爱，所以多多了解有益无害。同时，你也应该让朋友和所爱的人来认识你的爱之语，并用你的爱之语向你表达爱。没错，互相诉说彼此的爱之语，你们心里都会暗自给对方的表现评分。久而久之，不仅会有"这个人了解我、关心我"的感觉，两个人还会有强烈的亲密感。

认识并诉说别人的爱之语，能强化两个人的关系，反之，若不能用对方定义为"爱"的行动来表达爱，一切的努力与诚意都是枉然，双方都无法感受到彼此的爱。过去，你可能在不知不觉中，一直对所爱的人说"外国语"。认识爱之语的观念，能帮助你成功表达情感，对方也能准确无误地接收到你的爱！

案例导入

她原本是个很快乐的人，但是自从与男朋友的感情出现危机之后，她的生活完全改变了。她总是在猜测男朋友对她的看法，不知自己在对方心里到底处于什么位置。她是一个把感情看得很重的人，希望男朋友能真诚地对待她，可事实上男朋友对她越来越冷淡。她很难过，整天胡思乱想，头晕脑涨，与此同时出现失眠、厌食、精力无法集中等症状。她觉得度日如年，想了各种办法也无法摆脱。她对自己的现状有些恐慌，去做心理测试发现自己得了轻度的抑郁症。她不知道该如何是好，她多么希望自己能拥有一颗平静的心。

思考：

1. 什么是爱情？
2. 如何与异性交往？
3. 如何解决恋爱中的各种矛盾？

主要内容：

1. 爱情的内涵、特征和要素；
2. 爱情三元论。

教学目标：

素质目标：树立积极健康的恋爱观，提升爱的能力。

知识目标：了解爱情的实质，区分什么是爱情。

能力目标：学会调适常见的恋爱困惑。

建议课时：2 课时

 知识准备

一、爱情的内涵

心理学家从自己的理论基础出发，对爱情给出了很多定义。弗洛伊德（Freud）是以性为中心来定义爱情的，认为爱情是由性引发的一种情感；鲁宾（Rubin）和斯科尼克（Skolnik）是从想法和态度来定义爱情的，认为爱情是由特定的想法引起的体验；斯文森（Swensen）认为爱情是他人互动被回报的一种行动；发展心理学认为：爱情是人际吸引最强烈的形式，是身心成熟到一定程度的个体对异性产生的有浪漫色彩的高级情感。

综上所述，爱情（见图 2-32）是指一对男女基于一定的客观物质基础和共同的生活理想，在各自内心形成对对方的最真挚的倾心爱慕，并且渴望对方成为自己终身伴侣的一种最强烈、最稳定、最专一的感情。

图 2-32 爱情

二、爱情的特征和要素

（一）爱情的特征

1. 相异性

爱情一般产生于异性之间，狭义的爱情专指异性恋，不含同性恋。

2. 成熟性

爱情有其生理基础，是个体身心发展到相对成熟阶段时才会发生的情感体验，幼儿时期没有爱情体验。

3. 高级性

爱情是一种高级情感，不是低级情绪。

4. 利他性

爱情的基本倾向是奉献。衡量一个人对异性有无爱情，强度如何，可以通过"是否发自内心帮助所爱的人做其期待的所有事情"这个指标来衡量。

（二）爱情的要素

德国心理学家弗洛姆（Fromm）认为："爱情是一种创造的、建设性的形式，具有希望对方成长的目的，而爱情中，最需要的就是克服他的孤独感和摆脱孤独的监禁，而这只有通过真爱才有可能实现。"

爱是一种主动性的活动，而不是一种被动性的情感。它是一种"自足"，不是一种"追索"。一般来说，可以用首先是一种给予而不是索取，来描述爱的特征。在弗洛姆看来，给予就意味着富足。"爱是一种能够创造爱的力量，无能就是无力去产生爱。"除了给予的因素外，爱的积极性特征还明显地包含其他一些基本因素。真爱的基本要素是所有爱的形式共有的，那就是关心、责任、尊重和了解。

1. 关心

爱意味着关心。愿意为所爱的人奉献心力，付出自己积极的关心，无怨无悔，不计较付出多少，是否有得到回报。如果有一位女子对我们说她很爱花，可是我们却发现她忘记给花浇水，我们就不会相信她真的"爱"花。爱是对所爱对象的生命和生长的积极关心。如果缺乏这种积极的关心，就没有爱（图 2 - 33）。

图 2 - 33 爱意味着关心

2. 责任

责任就其真正的意义来说，是一个完全自愿的行为；责任是对另一个生命表达出来或尚未表达出来的需要的响应。"负责任"就意味着有能力并准备对这些需求予以响应。做任何事情要懂得为自己的决定负责，考虑自己的行为会对对方产生怎样的影响，并在对方有困难时，竭尽全力帮助，把爱人的事当成自己的事，关心对方的精神需要。

3. 尊重

尊重意味着关注对方应该按照其自身的本性成长和表现。彼此尊重，给对方空间及隐私，而非把自己的想法套用在对方身上，变成支配、占有，把对方变成自己希望的样子。要抑制自己利用他人的行动，避免害人利己。

4. 了解

了解是尊重对方的前提。如果不了解，关心和责任也是盲目的。了解不是基于表面，而是要深入内心。为了做到这一点，就必须学会换位思考，要有同理心，懂得将心比心，推己及人，了解对方的处境，不要只站在自己的立场上去想事情，努力做到设身处地地为对方着想。

美国科学家罗格斯大学的费歇尔（H. Fisher）建议将恋爱分成三个阶段，每个阶段又各有其相应的化学物质。

（1）欲望阶段。思念和惦念对方，也可以说狩猎阶段，这一时期爱情激素是睾酮（Testosterone）和雌激素（Estrogen）。这两种激素分别促进两性第二特征的发育和对异性追求的欲望。睾酮也存在于女性，和女士对异性的渴望有关。

（2）诱惑阶段。热恋时期的爱情激素能让恋爱的人像得了神经病。这一阶段俗称犯傻的阶段，与多巴胺、去甲肾上腺素和血清素有关。

（3）依赖阶段。恋人能否终成眷属的阶段。催产素和血管紧张素是这一阶段的重要爱情激素。众所周知，催产素和生孩子及母乳有关，使母子建立紧密的依赖联系。血管紧张素则参与夫妻关系的长期和稳定。

三、爱情三元论

美国著名心理学家斯腾伯格（Sternberg）的爱情三角理论（见图2-34）认为，人类的爱情由三种成分组成：亲密、激情、承诺。它们相辅相成，互为补充。

亲密是指与伴侣间心灵相近、互相契合、互相归属的感觉，属于爱情的情感成分。爱情温暖来自亲密。亲密起初快速增加，之后逐渐平稳，转入隐藏状态，特殊事件发生时才让人感觉到依赖和亲密的好处。亲密基于完全的信任和接纳而产生。

图2-34 爱情三角理论

激情是指强烈地渴望与伴侣结合，促使关系产生浪漫和外在吸引力的动机，也就是与性相关的动机驱力，属于爱情的动机成分。爱情热度来自激情。激情快速出现，一旦愿望达成，也快速消失。

承诺则包括短期和长期两个部分，短期的部分是指个体决定去爱一个人，长期的部分是指对两人之间亲密关系所做的持久性承诺，属于爱情的认知成分。爱情长久来自承诺。承诺随两人关系发展而变化，如果两人长相厮守，承诺就坚固且稳定发展；如果关系破裂，承诺就消失。

根据两性间三种关系的强弱程度，我们可以将人类的爱情分为以下几类：

第一类是喜欢。有亲密，缺乏激情和承诺的爱。由于长期相处，异性间产生了相知感，彼此了解对方的经历、兴趣、爱好，有一种朋友般的默契感。

第二类是迷恋。有激情，缺乏亲密和承诺的爱。男女双方在某一特定的时空不期而遇，由于强烈的性吸引，或出于其他原因，双方并无深刻的了解，也无对未来的承诺，做出身体上的亲近之后，大家又形同陌路，例如偶像崇拜。

第三类是承诺之爱。有承诺，缺乏激情和亲密的爱。男女之间既无生理方面的吸引，又缺乏相互的了解，仅由于某种承诺而被强扭在一起。例如，封建社会的很多"包办婚姻"就属于这一类爱情。

第四类是浪漫之爱。有激情和亲密，但缺乏承诺的爱。男女之间有着性的激情和深刻的了解，但由于种种原因，无法做出爱的承诺。

第五类是伙伴之爱。有亲密和承诺，但缺乏激情的爱。产生得比较缓慢，随时间而逐渐发展，会接受对方的所有缺点和毛病。也可能没有对身体的欲望。

第六类是闪电之爱。有激情和承诺，但缺乏亲密的爱。男女之间并无深刻的了解，但由于强烈的性吸引而闪电般地结为夫妻。

第七类是圆满之爱。完美爱情既有亲密、激情，又有承诺。即男女的关系既有相知的亲密、生理的吸引，又有对婚姻的追求与承诺。爱情的分类如图2-35所示。

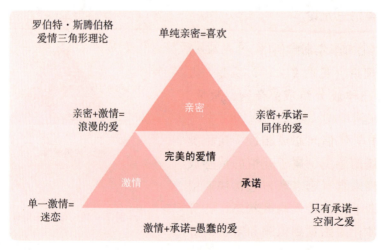

图2-35 爱情的分类

虽然，不同的人根据自己的体验谈论爱，形成对爱情的不同理解，但是，圆满之爱深深根植于人类的文化之中。即使千百万人当中只有个别才能达到，但圆满之爱是人类永远追求的目标。

三、爱情的态度与依恋风格

在对爱情的体会上，有的人与恋人虽然相处中有磕磕碰碰，但总体感觉他们的爱情是甜蜜和稳定的，彼此间是相互信任的，所以感到爱情非常美满；有的人不愿意谈恋爱，即便是谈了恋爱也会很快分手，他（她）总是不愿意相信对方，而更愿意独来独往；而有的人总有一种矛盾的心理，自己深深地爱着对方，却总是感觉对方不是真的爱自己，或者总有一天要离开自己，因此而感到焦虑。个体因不同依附关系，产生对自己和他人不同的印象，进而形成不同的互动模式，面对亲密关系时，想法和态度也不相同。

20世纪90年代中期，社会心理学家布伦南等人（Brennan 和 Shaver，1995）根据依恋风格理论，提出一个成年人恋爱依恋风格模型。

依恋风格理论认为，人类普遍具有与特定个体形成亲密而持久关系的强烈愿望。这种欲望从童年时期开始发展，这一时期，婴儿与一名或多名成年人形成强烈的依恋关系。依恋（Attachment）是指婴儿对特定个体的积极反应，其最大功能就是能够提供一种安全感。这种情绪依恋是与生俱来的，一旦我们所依恋的人离开，我们就会产生一种焦虑不安的情绪，被称为"分离焦虑"。所有婴儿都对最初照顾他们的人（主要是母亲）怀有依恋，但依恋的性质却并不相同。玛丽（Mary Ainsworth，1973）等人按照婴儿和母亲之间形成的某种特定关系，确定了三种主要的依恋风格：

（1）安全型（Secure）。是指父母积极回应婴儿的需求时发展出来的依恋风格。当母亲在场时，会自由地进行探索、与陌生人打交道，在母亲离开时会表现得心烦意乱，并在看到母亲返回时高兴。

（2）回避型（Avoidant）。是指当父母不回应婴儿的需求甚至拒绝时形成的依恋风格。在母亲离开或返回时几乎没有情感反应。无论是什么人在场，儿童都很少有探索行为。对待陌生人及母亲的态度没有什么不同。

（3）焦虑－矛盾型（Anxious－Ambivalent）。主要是指照顾者十分焦虑，对婴儿的需要反应不定，有时回应其需求，有时却不在身边，或者态度粗暴时形成的依恋风格。母亲的离开会使儿童极端沮丧。母亲返回时儿童会表现出矛盾心态：寻求保持与母亲的亲密，但会怨恨，并且在母亲开始关注时进行抵抗。

心理学家布伦南认为，人们之所以处于不同的爱情关系中，很可能是由不同的童年经历造成的。人们总是按照自己在儿童早期的依恋经验，来建立后来的人际关系心理模式，再根据这样的模式来建立、维持或结束与他人的感情关系。成年人的依恋风格也可分为安全型、回避型和焦虑－矛盾型三大类：

（1）安全型。安全型风格的成年人自幼与母亲形成一种稳定的依恋关系。母亲在十分关爱孩子的同时，鼓励他面对这个世界，学会如何适应、探索和改造外部环境。在这一氛围中成长起来的孩子，会发展出爱与被爱两种能力，不仅有能力去爱，而且能够享受其他人对他的爱，容易和恋人形成稳定和积极的情绪联系。安全型的人倾向于把自己形容成一个容易和他人接近、乐观且开朗的人，也认为别人普遍是友好可靠和值得信赖的。他很少担心被抛弃，认为自己最重要的爱情关系是友好关怀、支持理解、亲密感和相互信任的。

（2）回避型。回避型成年人由于自幼缺乏母爱，所以未能发展出一种对他人的信任。他们长大成人后，对来自另一个人的爱很不适应，不愿和其他人建立亲密关系，以免受到伤害。他们觉得难以完全相信和依赖别人，只要有人试图在感情上亲近他们，他们就开始紧张。他们通常拒绝承认自己的依恋需要，认为恋爱的失败对生活影响不大，更专注于工作。在形容最重要的爱情关系时，他们谈论最多的是情绪上的起伏、嫉妒和对亲密关系的恐惧。此外，他们用来描述父母的词语通常都是负性的，往往不等把事情弄清楚就开始发怒、产生敌意并拒绝亲密关系。在与恋人相处时，很少感到亲密与幸福。他对自己的伴侣并不坦诚，更容易陷入相对短暂的性关系中。布伦南认为，这种风格与不良的人际关系、嫉妒心和难以排解的社交焦虑有关。

（3）焦虑－矛盾型。某些成年人自幼与抚养者之间形成一种矛盾和缺乏稳定性的关系。母亲对他忽冷忽热、变幻无常。他无法确定如何才能赢得母亲的爱。此种类型的儿童长大成人后，会表现出一种深刻的焦虑感，一方面希望能与恋人极为亲近，但同时又对恋人的可信度持怀疑的态度。他们形容自己最重要的爱情关系为完全占有、希望有爱的回应、情绪上的起伏和强烈的性吸引。此外，这一类型成年人还具有强烈的嫉妒心。在亲密关系中，人们或多或少都会产生一种想独占对方的嫉妒心理。但这涉及一个度的问题，凡事都有限度，一旦超出限度，嫉妒就会演变为侵犯行为。例如，偷看恋人手机内的短消息或者查他存储在手机内的电话号码等行为，显然已经超过嫉妒的范围，构成侵犯他人隐私权的行为。

婴儿期表现出来的情感依恋能力将伴随人的一生。三种依恋风格在成人中的比例分别为安全型56%、回避型25%、焦虑－矛盾型19%。成年人爱情依恋风格研究表明：亲密关系的形成，在很大程度上取决于人生早期的依恋体验，而非当事者双方的主观努力。不同依恋风格者的爱情关系特点有所差异，他们对自己、伴侣以及关系的知觉，会对其在爱情关系中的行为表现产生影响。因此，透过依恋风格可以有效地了解成人如何面对爱情关系中的压力事件，有效预测爱情关系的稳定性。

四、维系爱情甜蜜的方法

美国著名婚姻家庭专家盖瑞·查普曼（Gary Chapman）认为：每一个人都有一

个情绪的爱箱,只有当这个爱箱填满时,亲密关系才能发展。然而,不同人的爱箱需要用不同的语言来填满。两性间许多误解、隔阂、争吵都是不了解或者忽略了对方的主要爱的语言造成的。当夫妻双方主动选择使用对方的主要爱的语言时,就能够很好地发展彼此的亲密关系,并积极地处理关系中的冲突和失败。查普曼博士发现人们基本上有五种爱的语言:肯定的言词、精心的时刻、接受礼物、服务的行动、身体的接触,如图 2-36 所示。

图 2-36 爱的五种语言

爱之语一:肯定的言词

心理学家威廉·詹姆斯(William James)说过,人类最深处的需要,就是感觉被人欣赏。肯定的言词就是来满足人们这样的需要。那些安全感低、有自卑情绪模式的人,当缺少安全感时,就会缺少勇气。而这时,如果配偶有同理心,能给一些鼓励的话语,往往会激发出对方极大的潜力。关键词:赞赏、鼓励、仁慈、谦和、肯定。情侣之间可以经常有一些口头上简单、坦率的赞扬或欣赏的表达,这都是"爱"的有力沟通工具,例如"我好喜欢你""你穿这件衣服好帅""谢谢你今天帮我",等等。

爱之语二:精心的时刻

精心的时刻的中心意思就是"同在一起",给予对方全部的注意力,而不是指所共处的时间必须凝视着对方。大家是否留意过,一起用餐的情侣和已婚夫妇非常不同:前者彼此注目,后者则东张西望。所以称得上精心的时刻必须是全神贯注的交谈,或是一顿只有你们两人的烛光晚餐,也可以是手拉手的散步。活动其实是次要的,重要的是花时间"锁住"对方的情感。如果你的伴侣主要的爱之语是精心的时刻,那两个人在和谐、不受干扰的环境中,有同理心的对话,分享思想、经验、感觉和愿望,可以帮助他(她)在情绪上感觉到被爱。

爱之语三：接受礼物

礼物是爱的视觉象征，表达一种思念。我们一定是想念着对方，通过礼物实际地表达心中的爱。例如，婚礼上的戒指、生日礼物等。它可以是有形的礼物，买的、亲手做的或是找到的；也可以是无形的礼物——你的陪伴。礼物是一件提醒对方"我还爱着你"的东西，不在于它的价格而在于心意。事实上，这是最容易学习的爱之语之一。如果我主要的爱之语是接受礼物，我会非常重视伴侣给我的礼物，并深深地被历年收到的礼物感动，视这些礼物为爱的表现。如果没有礼物为视觉的象征，甚至会怀疑对方的爱。如果接受礼物是我的伴侣主要的爱之语，我可以成为送礼物的高手。

爱之语四：服务的行动

服务的行动通过视觉表达了对他（她）的一种关注。做他（她）想要我做的事，我替他（她）服务因而使他（她）高兴，表示对他（她）的爱。可口的早餐、清洗干净的衣服、擦亮的皮鞋，对于那些主要爱之语是服务的行动的人来说意义深长。当男女热恋时，为对方服务是自愿的，甚至费尽心机。但婚后，很多人变得完全不同了。

爱之语五：身体的接触

肢体接触是人类感情沟通的一种微妙方式，也是爱的表达的有力工具。性生活只是这种爱之语的方式之一，牵手、亲吻、拥抱、抚摸都是身体的接触。对有些人来说，身体的接触是他们最主要的爱之语。缺少了它，他们就感觉不到爱，没有安全感。一巴掌打在脸色，对任何人来说都是一种伤害。需要注意的是，如果你伤害过你的伴侣，比如轻微的暴力，一定要请求对方的宽恕。另外，要和伴侣讨论喜欢的身体接触是哪一种。

这五种爱的语言共同的价值指向，是让双方觉得对方的存在具有重要意义。彼此能够接纳、欣赏、认同，在关系中得到归属感和存在的价值感。读懂了伴侣愿意使用、善于使用的主要爱的语言，并且互相了解对方最渴望的是哪种爱的语言，或许彼此目前还做不到对方最需要的，但有这种觉察后，就可以一起慢慢体悟、学习、成长，找到属于自己的建立良好亲密关系的钥匙。

一、头脑风暴

你认为什么是爱情？为什么？

_____

_____

_____

_____

_____

二、心理探索

分小组讨论以下问题：

1. 我喜欢什么样的异性？

外表：_____

性格：_____

行为方式：_____

2. 我不喜欢的异性的特质。

外表：_____

性格：_____

行为方式：_____

3. 恋爱品质：恋爱中男（女）生的特点是什么？5 分钟后将各组的答案收集起来，大家讨论分享。

男生：_____

女生：_____

三、心理训练

将班级学生平均分成两组，一组学生拿鲜花，另一组学生拿摇铃，以击鼓传花的方式依次在同组中传递，当铃声停止的时候，花在谁的手里，谁就以自己的方式向对面组的学生表达爱，接到花的学生必须做出是否接受爱的反应。同样的方式两

组交换自己的行为,多次重复后,分组讨论:

1. 有哪些爱的表达方式?
   _____

2. 大家认可的方式有哪些?
   _____

3. 这些方式中,你自己为什么接受、又为什么拒绝?
   _____

四、内容测试

王某,女,19岁,某大学一年级学生。进入大学后因社团活动认识了大三的学长,自己主动追求对方,相恋后,因个性不合发生了多次争吵,导致对方越来越不耐烦,结果移情别恋,男友提出中断恋爱关系。这对她是一个沉重的打击,使她对新的生活的所有期待与憧憬顷刻间化为乌有。她很难相信,自己心中的爱情就这么结束了,多日来,她情绪抑郁,心烦意乱,无心学习,想要忘掉这件事,可却无论如何也忘不了。失恋的痛苦像恶魔一样,无情地折磨着她的心。认真分析案例,回答以下问题:

1. 你认为自己在一段恋爱关系中最看重的是什么?
   _____
   _____
   _____

2. 出现矛盾后,如何使用属于你的爱的表达方式来表达你对对方的爱?
   _____
   _____
   _____

3. 在你的原生家庭中,父母的哪些沟通方式你认为是不合适的?你会如何在自己的爱情中避免类似的沟通方式?
   _____
   _____
   _____
   _____

五、内容回访

内容回顾	主要收获

内容拓展

大学生恋爱中的心理效应

1. 第一次见面最重要：首因效应

初次见面真的很重要，首因效应说的是人与人第一次交往中给人留下的印象，在对方的头脑中形成并占据着主导地位的效应。

2. 爱情受到的挫折越多，感情越深：罗密欧与朱丽叶效应

莎士比亚的经典名剧《罗密欧与朱丽叶》中，罗密欧与朱丽叶相爱，但由于双方世仇，他们的爱情遭到了极大的阻碍。但压迫并没有使他们分手，反而使他们爱得更深，直到殉情。这种现象称为"罗密欧与朱丽叶效应"。所谓"罗密欧与朱丽叶效应"，就是当出现干扰恋爱双方爱情关系的外在力量时，恋爱双方的情感反而会加强，恋爱关系也因此更加牢固。

3. 为什么会网恋：投射效应

投射效应是指以己度人，认为自己具有某种特性，他人也一定会有与自己相同的特性，把自己的感情、意志、特性投射到他人身上，并强加于人的一种认知障碍。即在人际认知过程中，人们常常假设他人与自己具有相同的属性、爱好或倾向等，常常认为别人理所当然地知道自己心中的想法。

4. 心动并不一定就是真爱：吊桥效应

当一个人提心吊胆地走过吊桥的一瞬间，抬头发现了一个异性，这是最容易产生感情的情形，因为吊桥上提心吊胆引起的心跳加速，会被人误以为是看见了命中注定的另一半而产生的反应。就像英雄救美后，美女最后会爱上那个救她的英雄一样。

5. 喜新厌旧：古烈治效应

古烈治效应说明了男女思维的差异，男女都有自己思考问题的角度。后来它就成了男人见异思迁、喜新厌旧（或淡旧）的著名心理学效应。心理学家把雄性的见异思迁倾向称为"古烈治效应"。这一效应在任何哺乳动物身上都被实验证明了，人是高等动物，不可避免地残留着这一效应的痕迹。男性在心理上有喜新厌旧的倾向也不是什么人格缺陷，而是有着深刻的生理、心理基础。但人有良知、有道德，靠这些东西才使人最终脱离了动物界。

6. 初恋最难忘：契可尼效应

心中最懵懂、最青涩也是最刻骨铭心的，那种小暧昧和情窦初开的懵懵懂懂的爱情让人怀恋。西方心理学家契可尼做了许多有趣的试验，发现一般人对已完成了的、已有结果的事情极易忘怀，而对中断了的、未完成的、未达目标的事情却总是记忆犹新，这种现象被称为"契可尼效应"。

7. 日久生情：多看效应

20世纪60年代，心理学家扎荣茨做过这样一个实验：他向参加实验的人出示一些人的照片，让他们观看。有些照片出现了二十几次，有的出现十几次，而有的则只出现了一两次。之后，请看照片的人评价他们对照片的喜爱程度。结果发现，参加实验的人看到某张照片的次数越多，就越喜欢这张照片。他们更喜欢那些看过二十几次的熟悉照片，而不是只看过几次的新鲜照片。也就是说，看的次数多，增加了喜欢的程度。

8. 光线昏暗的地方更易产生恋情：黑暗效应

浪漫的西餐厅是很多情侣约会的首选，因为在光线比较暗的场所，约会双方彼此看不清对方的表情，就很容易减少戒备感而产生安全感。在这种情况下，彼此产生亲近的可能性就会远远高于光线比较亮的场所。心理学家将这种现象称为"黑暗效应"。

 品质提升

"路漫漫其修远兮，吾将上下而求索。"

这句诗出自屈原《离骚》第97句。结合上下文可理解为：道路又窄又长无边无际，我要努力寻找心中的太阳。表达了屈原"趁天未全黑探路前行"的积极求进心态。

现在一般引申为：不失时机地去寻求正确方法以解决面临的问题。

任务　开发心理资本

❀ 心理测试

请根据你最近一个月内的实际感受在数字1~7下打"√",所选答案无对错之分。

1为完全不符合;2为不符合;3为有点不符合;4为说不清;5为有点符合;6为比较符合;7为完全符合。

1. 很多人欣赏我的才干。　　　　　　　　　　　1　2　3　4　5　6　7
2. 我不爱生气。　　　　　　　　　　　　　　　1　2　3　4　5　6　7
3. 我的见解和能力超过一般人。　　　　　　　　1　2　3　4　5　6　7
4. 遇到挫折时,我能很快地恢复过来。　　　　　1　2　3　4　5　6　7
5. 我对自己的能力很有信心。　　　　　　　　　1　2　3　4　5　6　7
6. 生活中的不愉快,我很少在意。　　　　　　　1　2　3　4　5　6　7
7. 我总是能出色地完成任务。　　　　　　　　　1　2　3　4　5　6　7
8. 糟糕的经历会让我郁闷很久。　　　　　　　　1　2　3　4　5　6　7
9. 面对困难时,我会很冷静地寻求解决的方法。　1　2　3　4　5　6　7
10. 我觉得自己活得很累。　　　　　　　　　　　1　2　3　4　5　6　7
11. 我乐于承担困难和有挑战性的工作。　　　　　1　2　3　4　5　6　7
12. 不顺心的时候,我容易垂头丧气。　　　　　　1　2　3　4　5　6　7
13. 身处逆境时,我会积极尝试不同的策略。　　　1　2　3　4　5　6　7
14. 压力大的时候,我会吃不好、睡不香。　　　　1　2　3　4　5　6　7
15. 我积极地学习和工作,以实现自己的理想。　　1　2　3　4　5　6　7
16. 情况不确定时,我总是预期会有很好的结果。　1　2　3　4　5　6　7
17. 我正在为实现自己的目标而努力。　　　　　　1　2　3　4　5　6　7
18. 我总是看到事物好的一面。　　　　　　　　　1　2　3　4　5　6　7
19. 我充满信心地追求自己的目标。　　　　　　　1　2　3　4　5　6　7

20. 我觉得社会上好人还是占绝大多数。		1 2 3 4 5 6 7
21. 对自己的学习和生活，我有一定的规划。		1 2 3 4 5 6 7
22. 大多数的时候，我都是意气风发的。		1 2 3 4 5 6 7
23. 我很清楚自己想要什么样的生活。		1 2 3 4 5 6 7
24. 我觉得生活是美的。		1 2 3 4 5 6 7
25. 我也不知道自己的生活目标是什么。		1 2 3 4 5 6 7
26. 我觉得前途充满希望。		1 2 3 4 5 6 7

评分标准

（1）反向选择题为：8、10、12、14、25。

（2）维度分。

自我效能为第1、3、5、7、9、11、13题得分相加，再除以7；

韧性为第2、4、6、8、10、12、14题得分相加，再除以7；

希望为第15、17、19、21、23、25题得分相加，再除以6；

乐观为第16、18、20、22、24、26题得分相加，再除以6。

（3）心理资本总分。

所有题目得分相加除以26，分数为0~3分、3~5分、5~7分。

测评得分越高的说明心理资本越高，反之越低。

案例导入

有一个年轻人刚从部队退伍，无一技之长，只好到一家印刷厂担任送货员，这个年轻人要将一整车书送到某大学7楼办公室。当他把几捆书扛到电梯口等候时，一位警卫走过来说："这电梯是给老师搭乘的，你必须走楼梯。"年轻人向警卫解释说："我不是学生，我是要送一整车书到7楼办公室，这是你们学校订的书啊。"警卫面无表情地说："不行就是不行，你不是教授，也不是老师，不准搭电梯！"两个人在电梯口吵了半天，但警卫依然不放行。年轻人心想，要搬完这一车书，要来回走7层楼梯，至少20多趟，会累死人的。他无法忍受这无理的刁难，心一横，把四五十捆书放在大厅角落，不顾一切地走了。后来，年轻人向印刷厂老板解释事情原委并获得谅解，但他辞职了，并立即到书店买来整套高中教材和参考书，含泪发誓：我一定要发奋图强，考上大学。我绝不再让别人瞧不起！

在考试前半年，年轻人天天闭门苦读14个小时，因为他知道，他已经无路可退。每当他懈怠时，脑中就想起警卫不准他搭乘电梯那羞辱的一幕，于是就打起精神，加倍用功。最后他终于考上了某大学医学院。如今，20多年过去了，当年的年轻人已经成了一家医院的医生。现在他静心想了想，当时，要不是警卫无理刁难，他怎么能从屈辱中擦干眼泪，坚决地站起来？

思考：

1. 如果你是这个年轻人，发生这样的事情你会怎么办？
2. 你是否相信世界上有必然会成功的人？

主要内容：

1. 心理资本的基本内涵与组成要素；
2. 开发自身心理资本必要性及开发路径。

教学目标：

素质目标：了解自身心理资本的实际水平。

知识目标：了解心理资本的内涵、要素与开发。

能力目标：能够运用开发心理资本的方法发现自身积极力量。

建议课时：2 课时

知识准备

你是否常常因为细小的失败而感到郁郁寡欢？

你是否经常被生活中的压力压得喘不过气来？

你是否习惯性地否定自己，总是将"我不行"挂在嘴边？

……

然而，我们看到在我们的生活中总有一些人，不管他们遇到多大的困难，都能自我激励走出逆境；不论生活向他们投掷出多么沉重的打击，他们依然精神振奋，昂首应对。

目睹他们意气风发的模样，我们不禁思考这样内心强大的人为什么能变成今天这个样子，他们身上具有什么与众不同的特质？

支撑这一切的内在原因是他们拥有强大的心理资本。

一、心理学研究新取向

作为一门独立的学科，心理学从开始成立到发展自身都带着三个使命（见图3-1)，也就是之前所说的，一是对人的精神及心理疾病进行治疗；二是普通民众的生活内容丰富，生活更加幸福；三是发现和培养有才能的人。"二战"过后，因为战争很多心理问题在人们身上发生，为了治愈人们的心理创伤，心理学研究学者将自己的研究重心放在了研究心理问题上，用外在的刺激因素解决及消除人们的心理问题，像应激反应一样，只有你有缺点有问题时，它才会给予相应的措施去解决，这就是传统的心理学，也被称为病理式的心理学。但是这种是小范围的关注，忽视了大部分没有问题的人。忽视了在正常的情况下怎么去培养人们的积极品质、培养人们的积极力量。

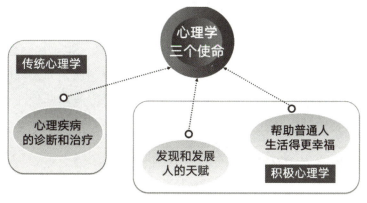

图3-1 心理学三个使命

（一）强调研究每个人的积极力量

积极力量是指能够给人带来正向、具有建设性并能发掘人潜力的力量。积极心理学研究积极力量从三个层面展开：一是主观层面。积极心理学研究个体的主观体验主要体现在对过去的美好回忆，对现实的乐观感受，对未来的美好展望。积极地看待过去所发生的事情，即使身处逆境也能坚持不懈地追求幸福，在平淡的生活中发现幸福。在对待现实方面"福乐"是一种重要的积极体验，"福乐"是对某一事物产生浓厚的兴趣并能推动个体将精力完全投入这一事物的一种体验。它由愉悦、兴趣、幸福等多种情绪成分综合而成；"福乐"推动人的不断进步和不断发展，积极地寻求新的挑战。在对待未来方面，"希望"是一种情绪体验，是说个体在处于困难逆境的情况下心中仍坚信美好的一种信念，主要研究乐观、充满信心和希望等积极体验。二是个体层面，研究人的积极人格。积极心理学在人格研究中特别强调研究人格中的积极特质，存在于个体本身固有的人格力量，包含天分、智慧、兴趣、天分等方面。三是社会集体层面。积极心理学主要研究学校、家庭、社会三个方面之间的联系。对这三个方面的关注，积极的情感体验促进积极的人格特质培养，而积极的人格特质在积极的社会关系中能够更好地体现出来。

传统心理学理念下，人们都关注"问题"，也就是自身的问题，对于自身的优质品质关注过少；积极心理学关注人的积极层面：积极的人格、积极的体验，发掘人们各种优秀的品质，增强积极力量的提升，这使人们朝着更好的方向发展，也同样相信着自己。

（二）提倡对问题做出积极的解释

传统心理学在面对心理问题时是以消极心理学来解决问题，而积极心理学是对所发生的问题给予积极的解释，积极心理学认为问题本身虽不能为人增添积极力量及优秀品质，但是可以为人们发掘自身潜在能力和积极力量提供机会。传统心理学，就等同于消极心理学。它关注人们的消极层面，主要发现人们身上存在的问题，给人们的感觉是为解决问题而存在的，问题发生就进行消除，不去探究其本质的原因。而积极心理学给予的解释就不一样了，积极心理学注重预防，如发现问题，也是想办法改善问题，对待问题的发生给予积极的解释，同时为防止此种问题的发生而注重培养人们的积极品质，从根本上消除问题，不让问题再次发生。

二、心理资本的具体含义

（一）含义

所谓心理资本，是指个体在成长和发展过程中表现出来的一种积极心理状态，具体表现为：

（1）对目标锲而不舍，为取得成功在必要时能调整实现目标的途径（希望）；

（2）在面对充满挑战性的工作时，有信心并能付出必要的努力来获得成功（自信）；

（3）当身处逆境和被问题困扰时，能够持之以恒，迅速复原并超越，以取得成功（韧性）；

（4）对现在与未来的成功有积极的归因（乐观）。

正如卢桑斯所说，"人的所谓幸福，实际上就是其心理资本能否足够支撑他产生幸福的主观感受。"

也就是说，心理资本是由希望（Hope）、自信（Efficacy）、韧性（Resiliency）和乐观（Optimism）四个概念组成，四个单词的首字母组合就是"Hero"。

（二）心理资本的组成要素

心理资本的组成要素如图 3-2 所示。

"H"代表希望，是指在面对工作和生活时的意志，对目标锲而不舍，为取得成功在必要时能调整实现目标的途径。比如，你决心要做一件事情，并愿意花上数个小时，甚至数月坚持不懈，直到完成。

"E"代表自我效能，又称自信，是指对于成功的信心，是个体是否相信自己在从事充满挑战性的工作时，有信心并能付出必要的努力来获得成功。这是自我认知的重要环节，也是实现自我管理的重要途径。

图 3-2 心理资本的组成要素

"R"代表韧性，是指心理弹性，当身处逆境和被困难困扰时，个体能够持之以恒，迅速复原并超越原来的自己取得成功。韧性是一种"可开发的能力"，它能使人从逆境、冲突以及失败中快速回弹和恢复过来。

"O"，代表乐观，乐观是一种积极正向的思维，促使个体在遇到任何事情时能向积极的方面思考，对未来充满希望。

任何人，都有心理资本。而每个人，拥有的心理资本，却各有不同。我们看身边成功的人，无论男女老少，学历高低，性格内向还是外向，几乎什么类型的都有。但是这些成功的人都有一个共同的特质——强大的心理资本。他们对自己拥有信心，对未来抱有希望，在困难面前不惧怕反而越挫越勇，坚韧不拔，乐观地面对生活中出现的坏事和好事，不管前进的道路上有多少顽石，都不忘初心、勇往直前。

这就是强大的心理资本所包含的四个要素。

三、提升心理资本的重要性

我们为什么要关注心理资本呢？因为大量的研究证实：心理资本在多种职业和情境下都表现出积极的影响。世界各地的工厂航空业、高科技制造业，或是企业中的一些部门，包括个人层面、团队运营层面、组织层面，家族企业管理中，等等，心理资本都具有积极影响力（图3-3）。

（1）心理资本对于每个人的成功至关重要。一个悲观、自卑的人，往往看到事物消极的一面，盯着自己的缺点，看不到希望，遇到再好的机会，都不能识别，往往也抓不住。而拥有高心理资本的人，即使看到一点点希望也会充满信心与激情，并且能全力以赴，赢得成功。

（2）心理资本与一个人的快乐和积极成正相关，乐观的心态可减轻心理负担。高心理资本的人能够全身心投入学习生活中，能够全神贯注地学习，其心理安全感也更高，有更好的体验、更高的幸福感、更好的生理和心理健康，以及整体的生活满意度，甚至有更长的寿命。

（3）心理资本与一些指标呈负相关，高的韧性可突破逆境。心理资本高的人压力更小，更不容易抑郁、焦虑和倦怠及自杀等。

心理资本作为个体的积极心理力量有助于预防学生出现各种心理问题，激发学生生活的积极性和主动性，挖掘学生的潜在优势，促进学生更高效、幸福的生活。心理资本作为一种积极的心理取向，会对大学生的心理健康产生积极影响。开发大学生的心理资本，培养其希望、自我效能感、韧性和乐观等特质，有利于其全面发展并拓展其发展空间，同时也有利于其在之后的发展中脱颖而出。

图3-3 心理资本具有积极影响力

四、提升大学生心理资本的有效方法

（一）培养希望素质，点燃生命之光

1. 制定明确目标，规划美好人生

学生根据个人的兴趣爱好、价值观念和能力水平进行生涯规划，制定清晰明确的目标，并根据实际情况实时监控和调整目标，以便更好地实现自己的人生理想。在这个过程中，学生要有责任感，对未来社会、对人类生存和发展负有使命，要不断学习，等有朝一日有了丰富的积累，就能够做出贡献，所以他们的人生是有希望的，因为是指向未来的。

2. 采取积极行动，享受过程的乐趣

理想再美好，目标再明确，如果不行动，理想最终将变成空想。而人们一旦长时间地生活在舒适区里，就会慢慢适应舒适区，而不愿意做出改变。我们要学会自我反思，时常进行自我监测，看看自己是不是待在舒适区太久了，是不是需要做出一定改变了。鼓励自己积极行动，并学会享受行动过程中的乐趣，每一次进步要及时进行自我强化，给自己一个小小的奖励或者一份小小的礼物，肯定自己的付出，并继续坚持努力，直到最终实现目标。

（二）培养自我效能感，增强自信心

1. 正确认识自我，不断提高自信

大学阶段是个体自我意识发展的重要阶段。当大学生对自我有了清晰的认识，知道自己的长处，也明确自己的短板，就不会盲目乐观。因此，我们要客观地评价自我，正确地认识自我，积极地悦纳自我，积极地反馈自我，不断地完善自我，努力地超越自我，增强自信心。

2. 强化成功体验，积极自我暗示

因为成功会给人一种身心愉悦的感觉，会更加体验到自我的价值感。强化成功体验，可以增强个体的自我效能感。因此，我们可以回顾自己的成功经历，哪怕是一次小小的成功，用心感受成功时的情绪情感体验。然后询问自己："我是如何做到成功的？"从而引导自我积累成功的经验，总结好的做法，在未来积极努力争取更大更多的成功。量的积累会带来质的飞跃。当成功不断积累时，个体的自卑感就会下降，自信心便油然而生。

(三)培养心理弹性,使其坚韧不拔

1. 培养积极人格,勇于面对挫折

大学阶段是个体人格发展与成熟的重要时期。我们可以通过参加团体活动或者心理素质拓展活动,磨砺自己坚韧不拔的意志和砥砺前行的品质,在活动中学会压力管理,学会沟通协调,正确认识危机,以积极乐观的态度面对危机,迎接挑战,战胜挫折。优化自我心理品质,激发自我心理潜能,最终促进坚韧、健全、和谐人格的培养。

2. 构建良好的人际关系,敢于迎接挑战

良好的人际关系(图3-4)是心理健康的重要保障,有助于自我的成长与发展,也有助于信息的交流和沟通。已有研究表明,当个体建构良好的并且能够有效地运用社会支持系统,他们通常会更加自信,自我评价更为积极,主观幸福感更高。良好的学习氛围、温馨的班级团体、和睦的家庭氛围、积极的同伴关系以及和谐的社会环境,能够满足个体爱和归属的需要,进而提高自我心理弹性,建立良好的人际关系。

图3-4 建立良好的人际关系

(四)培养乐观心态,保持积极心理

1. 进行积极归因,建立合理认知

我们在学习、生活、就业、人际交往的过程中难免会遭遇各种挫折,面临各种挑战。如果一味地将问题归因于他人,归因于社会,归因于自己不好的运气,就会导致个体缺乏责任意识,也不利于个体成长成才。因此,有必要引导自我认识到导

致当前行为和情绪发生的不是事件本身，而是我们对事件的评价和解释。进行归因训练，帮助自我建立合理的认知，学会积极归因，强化自身努力程度，提高个人能力，进一步培养积极健康的情绪，塑造良好的行为。

人的成败原因分析为六个因素：能力（指个人评估自己能否胜任工作）、努力（个体在工作中是否尽力而为）、任务难度（凭个人经验判定该项任务的困难程度）、运气、身心状态（工作中个体当时的身体及心情是否影响工作效率）、外界环境。

（1）能力，即个人评估自己能否胜任该项工作；

（2）努力程度，即个人反省在工作过程中是否已经尽力；

（3）工作难度，即凭个人经验判定该项任务的困难程度；

（4）运气，即个人自认为此次成败是否与运气有关；

（5）身心状况，即工作中个人的身体及心情状况是否影响工作成效；

（6）外界环境，即除上述五项外，尚有其他与此有关的影响因素（如别人帮助、评分不公等）。

2. 培养积极情绪，增强主观幸福感

我们可以通过每天给自己一分钟，关照自己内心的方式加强自我觉察力训练。也可以通过写感恩日记的方式培养感恩意识，比如每天记录让自己感恩的三件小事，或者记录让自己感到快乐、幸福、满意、自豪的三件小事。通过观察周围具有幽默潜质和天赋的同学，培养自己的幽默感，增强主观幸福感，进而培养乐观的心态。

心理资本是储藏在人们心灵深处一股永不衰竭的力量，是实现人生可持续发展的原动力，可以带来决定性的竞争优势。拥有过人心理资本的个体能承受挑战和变革，由逆境走向顺境，从顺境走向更大的成就。一个拥有强大心理资本的人，并不需要强势的咄咄逼人，相反他可能是微笑的、不紧不慢的、沉着而淡定的。一个人的心理资本越强大，心态越平和，因为他清楚自己到底要什么，明白自己的价值在哪里，知道如何强大自己的内心。

一、头脑风暴

1. 心理资本的要素:希望、自我效能感、韧性、乐观。你拥有哪些?它们曾使你获得怎样的成功?

2. 通过学习,你如何更好地拥有心理资本的四要素,获得更多的成功?

二、心理探索

案例:电影《摔跤吧!爸爸》故事梗概:辛格是一位普通的印度父亲,但是他却有着不平凡的过往,他曾是印度男子摔跤全国冠军。辛格有更大的梦想——他想成为世界摔跤冠军,可是因为种种原因,他的愿望无法实现。于是,他便想与妻子生个儿子,然后把儿子培养成世界摔跤冠军。可是,命运却和他开了大大的玩笑:他的妻子生了四个女儿。

辛格只好认命,他打算放下心中的梦。可是,在一次打架事件中,他看到了大女儿和二女儿的摔跤天赋,于是决定把两个女儿培养成世界女子摔跤冠军。两个女儿起初是抗拒的,可当她们看到自己的小伙伴,才十几岁便被迫与别的男子结婚时,便不那么抗拒了——为了摆脱这样的命运,她们决定认真学习摔跤。

两个女孩继承了父亲的摔跤天赋,在父亲的指导下,很快崭露头角。辛格的大女儿取得全国冠军,进了体育学院。可没了父亲的监督和训练,再加上日益膨胀的傲慢之心,她很快便迷失了,甚至与父亲交恶,并在国际大赛中屡战屡败——曾经的全国冠军,成了彻头彻尾的失败者。

辛格的大女儿当然不甘心,她向父亲认错,在父亲的监督和指导下,重新开始高强度的训练。功夫不负有心人,她在决赛的最后一刻,扭转败局,成了世界女子摔跤冠军——她实现了自己的梦想,也圆了父亲的梦。

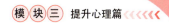

运用所学知识分析：辛格的大女儿拥有哪些心理资本要素？具体表现是什么？

_____
_____
_____

三、心理训练

回想最近生活中发生的一件记忆最深刻的积极事件，包括你在这件事发生之前、之中、之后的想法、感受和行为，填入图3-5中，从心理资本的角度分析你在这件事中运用了哪些方法使自己的四要素得到了开发和提升？

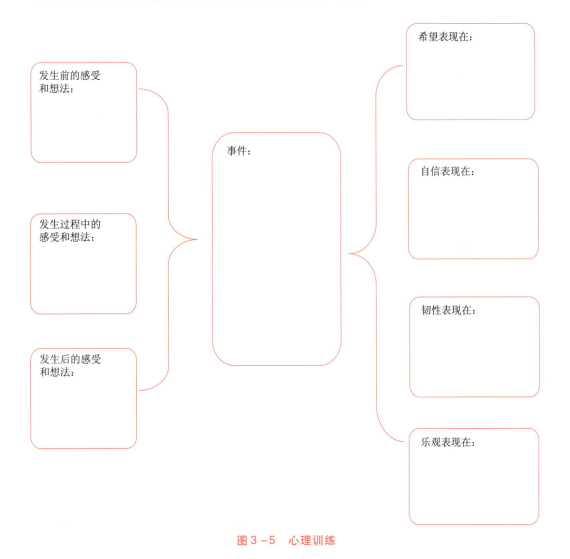

图3-5 心理训练

四、内容回访

内容回顾	主要收获

 **内容拓展**

积极心理学

第二次世界大战给世人留下了太多的阴影和心灵上的创伤,这就致使此后的应用心理学研究更多的是关注如何使人们在心灵受到伤痛后得到恢复和精神上得到慰藉,研究者们把更多的精力花在了研究探索如何消解个体消极的情绪与消极的心理活动上,心理学家们更加关注人出现了什么样的问题。随着战争阴影对人们造成的影响渐渐远去,心理学的应用研究在关注人类的那些负面情绪的同时开始更加关注如何充分发挥人的优势,怎样才能使个体在工作和生活中走向幸福。

1998年,美国著名的心理学教授塞利格曼在当选美国心理学会主席之后,与另一位志同道合的学者共同开创了"积极心理学"这种新的研究心理学的方法,发起了积极心理学运动。他主张专家、学者在对心理学进行研究的过程中,要注意通过挖掘和发现那些可以促进个体、组织、社会走向繁荣兴盛的正向的心理因素,以使人类真正走向幸福和美好。自此之后,积极心理学开始引起学者们的兴趣和关注。

 品质提升

鹧鸪天·桂花

李清照

暗淡轻黄体性柔,情疏迹远只香留。何须浅碧深红色,自是花中第一流。

梅定妒,菊应羞,画阑开处冠中秋。骚人可煞无情思,何事当年不见收。

这首词写出了年轻气盛的词人借咏桂花的高洁,赞美自己才学是"花中第一流",既自信,又有素性高洁的情操。